图解 **精益制造** *024*

丰田
细胞式生产

図解でわかる生産の実務　セル生産

[日] 武内登　著　　张舒鹏　译

人民东方出版传媒
People's Oriental Publishing & Media
东方出版社
The Oriental Press

图书在版编目（CIP）数据

丰田细胞式生产／（日）武内登 著；张舒鹏 译. —北京：东方出版社，2014.6
（精益制造；24）
ISBN 978-7-5060-7537-4

Ⅰ.①丰… Ⅱ.①武… ②张… Ⅲ.①丰田汽车公司—工业企业管理—生产管理—研究
Ⅳ.①F431.364

中国版本图书馆 CIP 数据核字（2014）第 119353 号

Zukai de wakaru Seisan no Jitsumu Seru Seisan
Copyright © NOBORU TAKEUCHI 2006
All rights reserved.
Simplified Chinese translation copyright © ORIENTAL PRESS.2011
Original Japanese edition published by JMA MANAGEMENT CENTER INC.
Simplified Chinese translation rights arranged with JMA MANAGEMENT CENTER INC.
through Beijing Hanhe Culture Communication Co., Ltd.

本书中文简体字版权由北京汉和文化传播有限公司代理
中文简体字版专有权属东方出版社
著作权合同登记号　图字：01-2012-1897 号

精益制造 024：丰田细胞式生产
（JINGYI ZHIZAO 024：FENGTIAN XIBAOSHI SHENGCHAN）

作　　者：[日] 武内登
译　　者：张舒鹏
责任编辑：崔雁行　高琛倩　周征文
出　　版：东方出版社
发　　行：人民东方出版传媒有限公司
地　　址：北京市东城区朝阳门内大街 166 号
邮　　编：100010
印　　刷：北京明恒达印务有限公司
版　　次：2014 年 7 月第 1 版
印　　次：2022 年 12 月第 4 次印刷
开　　本：880 毫米×1230 毫米　1/32
印　　张：8
字　　数：166 千字
书　　号：ISBN 978-7-5060-7537-4
定　　价：36.00 元
发行电话：(010) 85924663　85924644　85924641

目录

001

073 第 3 章　细胞式生产线的构建

第 6 章　细胞式生产应用事例 217

006

前言

　　有不少评论非常悲观地认为，在东南亚及东亚崛起的影响下，如果日本的制造业还一直保持现状，将很难存活下去。近几年，由于以汽车产业为首的制造业的带动，日本经济正出现缓慢恢复的势头。然而，日本的制造业如果想继续担当全世界的引领者，不但要继续开发新产品，今后还必须继续在生产制造的现场开展革新性的活动。

　　而且在最近几年，随着消费者对个人兴趣爱好的需求越发多样化，由少品种大批量生产到多品种小批量生产，再到变种变量生产的倾向越来越强。而且，以较短交付周期进行生产制造的需求越发高涨。在这样的大背景下，越来越多的人开始认识到"细胞式生产"在生产现场的重要性。

目前的市场环境需要我们推行"细胞式生产"。本书的主要目的在于：通过对"细胞式生产"进行整理，对其具体方法的有关思路进行简略归纳，使各位读者能更清晰地理解什么是"细胞式生产"。

"细胞式生产"的定义，不但不同的书籍各不相同，而且分析时的角度不同也导致了关注的焦点不尽相同。所以现在的状况是"关于细胞式生产的定义，仍然残留着多样性"。而且，由于不同的公司或采用独创的名称，或错误地使用术语，所以对"细胞式生产"一词的定义越发混乱。本书在对"细胞式生产"的各种定义进行归纳整理的同时，将明确本书所采用的"细胞式生产"之定义，并进行说明。

笔者认为，根据着眼点的不同，一般对细胞式生产的研究主要可以分为以下两大类：①以单人生产方式为代表形式、少量作业人员进行的生产制造；②认为丰田生产方式是细胞式生产的出发点，将细胞式生产看作一个体系。在此，有人认为"丰田生产方式对生产体系的重组持续产生着巨大的影响"，也有人主张"丰田生产方式与细胞式方式的性质不同"。由此可见，仍存在这样的现状，即人们会站在丰田生产方式的立场上阐释"细胞式生产方式或体系"这一名称，而本书将在把握此现状的基础上进行说明与阐述。

本书第1章，将概括日本制造业所处的环境，并站在全球化、消费者需求多样化的角度进行描述。同时也将阐释在这样的环境下细胞式生产受到重视的因素以及其重要性和发挥的作用。

第2章，会对"细胞式生产"的定义、优点与不足以及方式进行阐述。与此同时，笔者会站在生产管理的角度讨论"细胞式生产"。其中将阐述在历史背景下，"细胞式生产"的定位在某种意义上与古典式生产制造的相通之处。本书对"细胞式生产"的定义是：由一名或多名作业人员负责多项工序，以摆脱传送装置的简易设备进行生产的方式，具有因作业人员能力不同而自律变化的特点。狭义上指单个的细胞式生产线，广义上指细胞式生产体系。此外，不特别追究其为拉动型生产或是推动型生产。因此，如果偏要站在进度控制装置的角度来说的话，可以认为"细胞式生产是生产速度及质量取决于作业人员的生产线"。基本上，在传送装置流水线上，是"他律"地以一定速度进行的生产；而在细胞式生产中，作业人员的能力将"自律"地决定生产速度。

第3章，将对基本的"细胞式生产线"进行介绍。各种媒体通常采访报道的以单人生产方式为代表的事例就属于此章所说明的对象。本章在阐释构建细胞式生产线的各项基本要素的同时，还将提及"多能工"的概念。

第4章的标题，笔者定为了"细胞式生产体系的构建"。很多文章在说明"细胞式生产"时，均以丰田生产方式为基础，导致初学者非常难懂。而无论是基于需求预测的推动（计划）生产，还是在丰田生产方式中被视为理想形态的后工序拉动前工序的生产方式，本书都认为是作为一个整体的

"细胞式生产体系"。在此，将以后工序拉动前工序的生产方式为准，进行说明。

第5章的题目为"细胞式生产的运作、维护、强化"，阐述了为"搞活"细胞式生产，必须以整个公司为单位开展活动的必要性。

第6章中整理了细胞式生产的若干案例。这些案例并非描述某些特定的工厂或企业，而仅仅是为了方便读者理解而提出来的几个类型。

此外，在本书中，为了方便读者理解，有些内容以图表等形式进行了简化，但对于严密意义上的定义及图表的表达方式，恐有些许错误。此外，由于篇幅有限，一些内容未能详细说明，仅列举了项目。望卓有见地的各位读者能领会概要，并给予指教与建议。

最后，本书若能为日本这个制造大国今后仍继续领军世界做出贡献，笔者将不胜荣幸。

武内登

2006 年 10 月

第1章
细胞式生产所处的环境

1-1　日本所处的环境

日本在走过了第二次世界大战后的复兴期、高度成长期后，又在经济上经历了通货紧缩，即将迎来一个更加成熟的社会环境。与此同时，日本与世界各国在时间与空间上的距离逐渐缩短，自身所处的环境正在不断发生变化。今天的日本社会所处的市场环境，大体可以从以下两方面来理解。

▶——日本社会的变化

在日本，少子化社会、老龄化社会正在急速形成。

伴随这种状况，近几年来在市场日趋成熟的同时，消费者的需求越来越多样化。不仅如此，商品的社会责任也受到

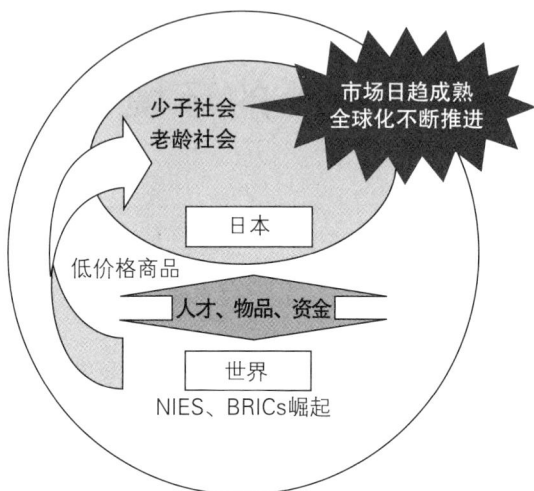

少子社会
老龄社会

市场日趋成熟
全球化不断推进

日本

低价格商品

人才、物品、资金

世界

NIES、BRICs崛起

NIES（新兴工业化国家和地区）：在发展中国家当中，由于急速发展的工业化而实现了高度经济发展的国家与地区。在亚洲指韩国、中国台湾、中国香港、新加坡。
BRICs（金砖四国）：巴西（Brazil）、俄罗斯（Russia）、印度（India）和中国（China）四个国家英文名称首字母的组合。

图1-1 少子老龄化社会、全球化的不断深入

重视，人们在要求商品保证质量的同时，还考虑到安全及环境问题。

在人才方面，员工老龄化的现象和以年轻人为主的劳动供给力缩小的现象越来越显著。同时，自 2004 年日本《劳动者派遣法》修订后，公司进一步起用派遣员工，非正式员工数量呈增加趋势。

不仅如此，随着信息化的发展，网络及 IT 技术得到了更广泛的运用，产业结构发生了巨大的变化。

▶──与外国的关系

随着国际化与全球化(Globalization) 的不断进展，日本与
世界的关系越来越紧密，人才、物品、资金开始在全世界范
围内流动。在企业管理方面，采用基于国际规则的会计标准
等方式进行现金流管理的趋势越来越强。

而且，由于从以中国为代表的东亚以及东南亚进口(以低
廉的劳务费为支撑) 低价格商品等原因，日本在国内乃至整
个世界，都必须提高竞争力。

1-2　制造业的周边环境

在现今日本所处的市场环境下，制造业作为生产物品的
行业，从市场的成熟化和全球化不断深化的角度来看，正面
临着世界规模的激烈竞争。

▶──市场的成熟化

在日本国内，商品进入成熟期，市场无望继续扩大，产
品过剩。在这样的现状下，发展趋势由过去的上升转为现在
的不断下降。消费者的兴趣爱好越来越多样化，市场从以生
产为中心朝着以顾客为中心、以生态(环保) 为中心转变。

在供给出现过剩倾向的环境下，顾客不会等着企业去行
动。因此，企业必须做出迅速的反应。

不仅如此，商品也不再仅仅因为便宜就能卖得出去，人

| 市场日趋成熟 | 全球化不断深化 |

```
┌─────────┐
│以生产   │ ······ 产品推出
│为中心   │       （少品种大批量生产）
└─────────┘
     │
     ▼
┌─────────┐
│以销售   │ ······ 以工厂为起点，依靠现
│为中心   │       有产品的销售与促销提高销
└─────────┘       售额
```

以市场营销为中心

```
┌─────────┐
│以顾客   │ ······ 顾客至上
│为中心   │       （多品种小批量生产）
└─────────┘
```

市场营销的变迁

以市场为起点，通过对顾客需求的综合性营销满足顾客

消费者兴趣爱好的多样化、较短的交货期、短暂的商品生命周期

以社会为中心（社会营销）

以生态为中心（生态学营销）

大量生产基地流向国外

在欧美当地生产

解决贸易摩擦问题

在消费地生产＝日本国内生产减少

在低劳务费的背景下

在东亚、东南亚等地区生产

NIES与BRICs的崛起

进口低价商品导致供给过剩、物品过剩、低价格化

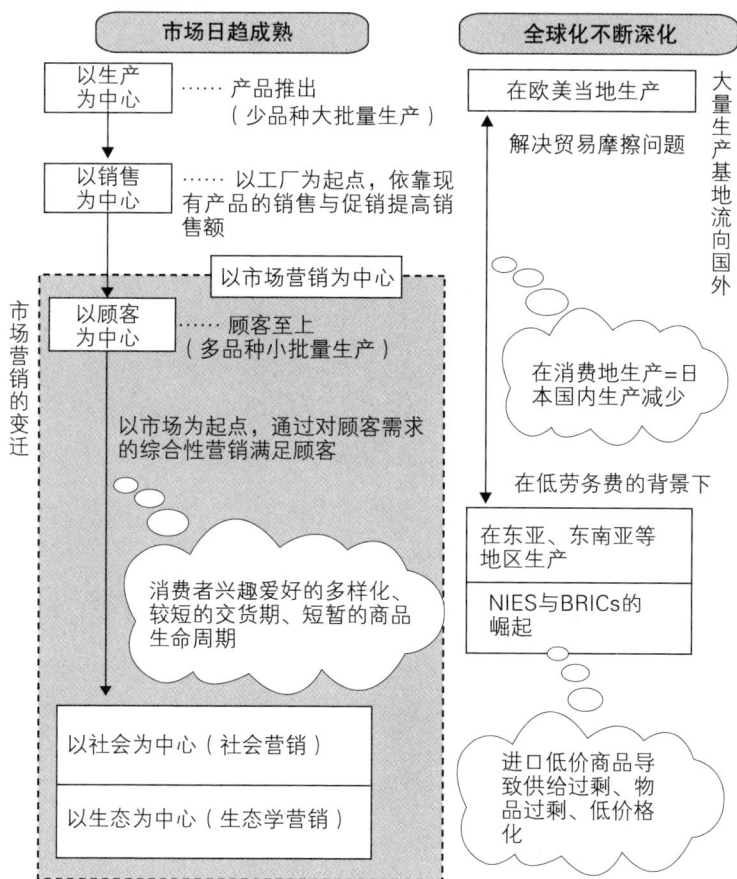

☆顾客要求"更快地"得到"更好"、"更便宜"的东西

日本制造业必须做到：

① 在市场成熟化方面，必须应对消费者兴趣爱好的多样化及顾客对低价格与短交货期的要求。

② 在国际化方面，必须应对与国外的竞争。

图1-2　制造业竞争不断激化

004

们还要求商品的质量对环境无害，具有安全性。

▶——国际化与全球化的不断深化

日本的制造业最初是由于贸易摩擦而将生产转移到了欧美。而近几年，以节约成本为目的，越来越多地在劳务费低廉的中国和东亚等地进行生产。由于生产基地大量流向国外，日本国民越来越关注国内产业的空心化现象。空心化具有两面性，一方面由于技术转移，日本的工厂逐渐减少；另一方面，由于低廉商品的流入，导致日本国内产业的衰退。近几年来，在制造业呈现出向日本国内回归趋势的同时，人们开始提出"重振日本制造雄风"的口号。日本制造业与亚洲的竞争者们，今后将会面临更加激烈的竞争。

1-3 生产制造如何灵活适应市场

前文讲到日本制造业所处的环境，由于消费者的兴趣爱好伴随着市场成熟而日趋多样化，顾客要求商品价格低、交货期短。而满足上述最终消费者的需求，就是制造业应尽的责任。消费者的这一市场需求，可以简单整理为"希望以更好的质量、更低的价格、更快的速度来获得想要的商品"。

在这样的前提下，工厂的使命就是"**以高品质、低成本及时生产出卖得出去的产品**"。

在今后的市场，由于生产制造必须满足顾客需求，所以

市场需求

○市场需求是"以更好的质量、更低的价格、更快的速度来
获得想要的商品"

想要的东西	高质量	低价格	快速
消费者兴趣爱好的多样化	物美	价廉	交货期短交货期准确无误

从计划生产型转变为接单生产型

生产制造的基础

方向性①多品种小批量生产　②缩短交付周期
以高附加值化产生差异性　=不让顾客等待

制造技术
生产技术
设计技术
物资筹集等

不断提高质量的技术（Q）·自働（这个字不是错别字）化生产线·专用生产线	低成本生产的技术（C）·提高生产率·简易设备	以小批量生产的技术（D）·混流生产·削减库存（半成品、产品）·削减空间

灵活利用人力资源（作业人员）

○工厂必须"以高品质低成本，及时生产出卖得出去的东西"

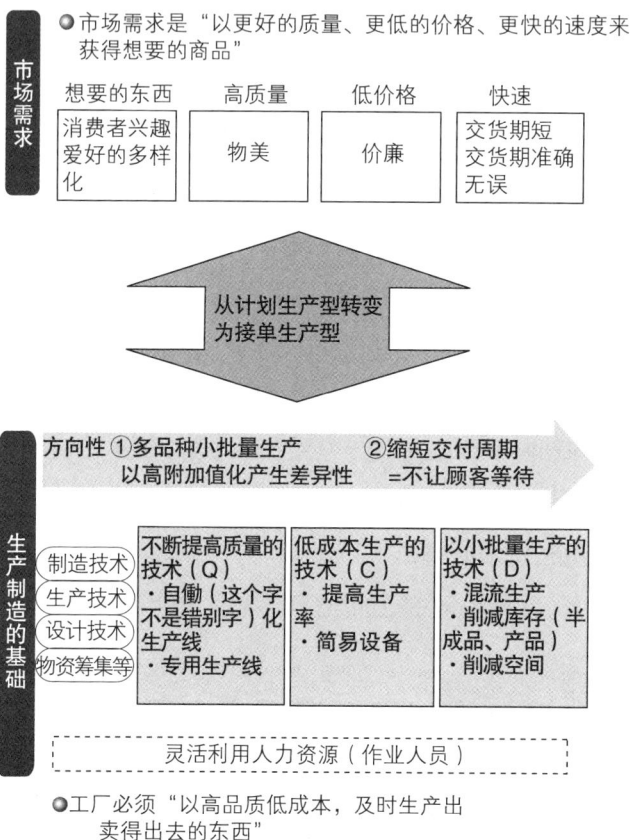

图1-3　市场需求与生产制造

需求预测越来越不好做。因此，生产制造必须通过两点，即
①多品种小批量生产；②缩短交付周期(不让顾客等待)。完
成从计划生产到接单生产的变革。

在生产制造车间，制造必须与设计技术及生产技术等融

为一体。在此笔者认为，最理想的生产制造，应该分别从 QCD 的角度出发（其中 Q = 质量（Quality），C = 成本（Cost），D = 交货期（Delivery）），寻求符合产品的方法，以应对市场需求。比如思考保证高品质的方法，或采用低成本的设备与工序、能够较容易地进行小批量生产的机制等，以此去满足顾客的要求。这就是打造具有强劲竞争力的工作车间的方法。

而且，在生产制造车间，最好能建立一个既考虑到整个生产车间的运作，又能提高作业人员积极性的作业人员参与型机制。

1-4　生产制造如何灵活适应全球化发展

在前文曾提到，受全球化背景的影响，企业必须能够适应与外国的竞争。在提倡速度管理、现金流管理的动向中，"尽早确立新的全球化生产体制"已经成为了一个亟待解决的课题。

今后，面对从外国流入的低价商品等的竞争，日本制造业要想战胜竞争对手，必须思考如何重新构建整个日本国内国外的生产体制，进行最优化生产。

因此，为了防止伴随着生产基地向国外转移及直接投资而出现的日本产业空心化，日本国内的工厂必须能够发挥世界"母体工厂"的作用。日本的工厂不应该一味地进行技术转移，领先于世界、不断革新技术基础才是最重要的。

```
┌─────────────┬────────────────────────────┐ ┌──────┬─────────────────────────────────┐
│ 市          │ ●市场需求是"以更           │ │ 国   │ 从国外流入    │ 生产向国外转 │
│ 场          │  好的质量、更低的          │ │ 外   │ 低价商品      │ 移、直接投资 │
│ 需          │  价格、更快的速度          │ │ 环   ├───────────────┴─────────────────┤
│ 求          │  获得想要的商品"           │ │ 境   │ 适应与国外的竞争                │
│             │                            │ │      │ 在消费地生产=国内生产减少       │
└─────────────┴────────────────────────────┘ └──────┴─────────────────────────────────┘
```

适应全球化的优化生产方式
满足需求的设备、强化生产体制

I.重新修正国内生产体制　　　　　　　II.扩充国外生产体制
　生产工厂的集约……　　　　　　　　　建设工厂、投入生产……

全球化环境下的生产制造

国内工厂作为母体工厂的作用

- 把有关生产的专业技术与隐性知识转化为显性知识，或明确为指南手册
- 培养能够活跃于全球化社会的人才
- 作为培训中心①接收并培养来自各国的培训生②讲授生产及维修等基本技能③实践训练④团队培训
- 作为领先世界的开发生产制造技术与传承技能的基地

国外工厂应解决的课题

- 确保并维持QCD
- 全球化生产中的企业间、工厂间的物流与信息合作
- 解决当地生产中发生的人事与劳务问题

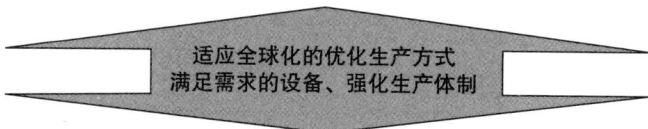

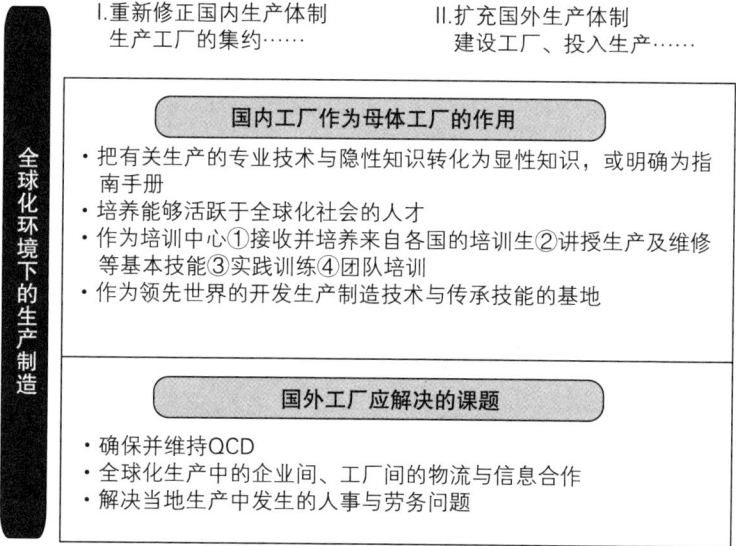

日本的生产制造车间，在积极挑战来自国外的竞争的同时，还必须发挥两个作用，即作为世界的"母体工厂"的作用和帮助国外工厂"自立"的作用

图 1-4　国外环境与生产制造

　　日本国内的工厂作为母体工厂，应该发挥以下几种作用：

008

①把有关生产的知识变成可视化的指南，实现标准化；②培养能够活跃在全球化社会的人才，使其成为在日本的指导员或外国工厂特派员；③培训中心；④成为领先世界的技术、生产技术及技能的基地。

为了在国外的工厂顺利推行总公司对生产制造的理念或最好的技能，母体工厂的作用非常重要。而且，在外国的工厂能够解决问题、实现自立之前，国内工厂作为母体工厂，必须在技术及人力上坚持提供管理资源上的帮助。

不仅如此，为了做好全球化社会下的生产制造，在日本国内外同时培养有较高觉悟的优秀作业人员和能够指导国外小组成员的人才也是非常重要的。

1-5　细胞式生产发挥的作用

在前文中已经提到，我们已经从过去经济景气良好的少品种大量生产的时代，过渡到了必须灵活适应全球化市场、进行多品种小批量及变种变量化生产制造的时代。

时代要求日本的制造业从事生产制造时，必须更加重视哪些方面？可以总结为以下几点：①能够灵活适应要求多品种少量生产或变种变量生产的顾客需求；②能够灵活适应较短的产品周期；③提高质量、降低成本、遵守交货期。

日本制造必须做到的	①能够灵活适应顾客的多品种少量生产或变种变量生产的需求 ②能够灵活适应较短的产品寿命 ③提高质量、降低成本、遵守交货期

传送装置生产线（大批量大量生产）方式存在的不足

①不容易换模换线。进行多品种少量生产时生产率低下

②存在各种浪费（如多余空间等）

③传送装置成了进度控制装置，作业人员的劳动积极性低下

细胞式生产所发挥的作用	①适应多品种少量生产，适应生产量的变动 ②提高生产效率，降低成本（如节省空余空间等） ③营造能实现员工自身价值的工作场所，提高作业人员的责任感与士气 ④以顾客为出发点，通过从装配、机械加工到与物资供应商的合作，在公司上下无一处浪费的生产系统中提高效率并缩短交付周期

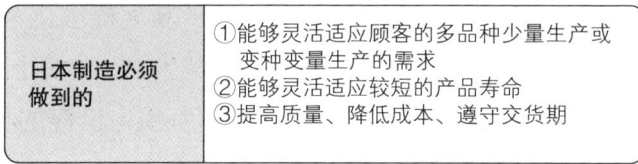

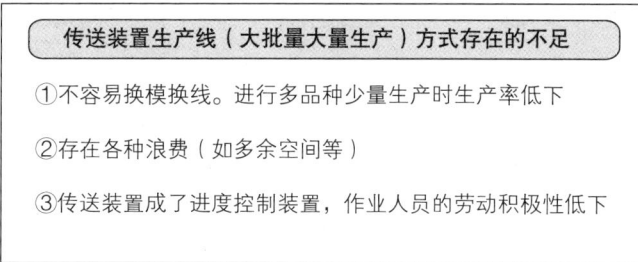

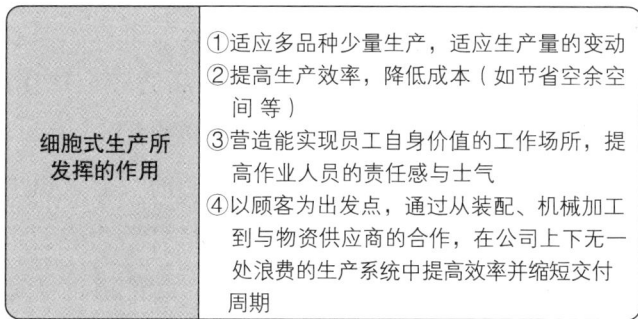

图 1-5 细胞式生产在日本制造中发挥的作用

而要想适应以上几个方面，如果还依靠过去的大批量大

量生产的经济繁荣时代的传送装置生产线，将出现以下几点
问题：①不易换模换线，进行多品种少量生产时生产率低下；
②存在各种浪费(如多余空间等)；③传送装置成了进度控制
装置，作业人员的劳动积极性低下；等等。

为了解决上述问题，近几年来，人们开始采用细胞式生
产方式。细胞式生产发挥了以下四点作用：①适应多品种少
量生产，适应生产量的变动；②提高生产效率，降低成本(例
如节省多余空间等)；③营造能实现员工自身价值的工作场
所，提高作业人员的责任感和士气；④以顾客为出发点，通
过从装配、机械加工到与物资供应商的合作，在公司上下无
一处浪费的生产系统中提高效率并缩短交付周期。

细胞式生产以人为中心，构建出一条能让作业人员感受
到工作意义的生产线。今后，细胞式生产作为日本生产制造
的基础，其重要性将越来越高。从汽车到日用品，在范围广
阔的产业领域内，我们都需要建立人性化的生产线，它既要
培养出能够根据自己的判断进行作业的技艺娴熟的技术人员，
还能灵活发挥女性与高龄员工的作用。

1-6 细胞式生产在全公司活动中的定位

要想通过细胞式生产方式获取成果，最好能以整个公司
为单位开展活动。

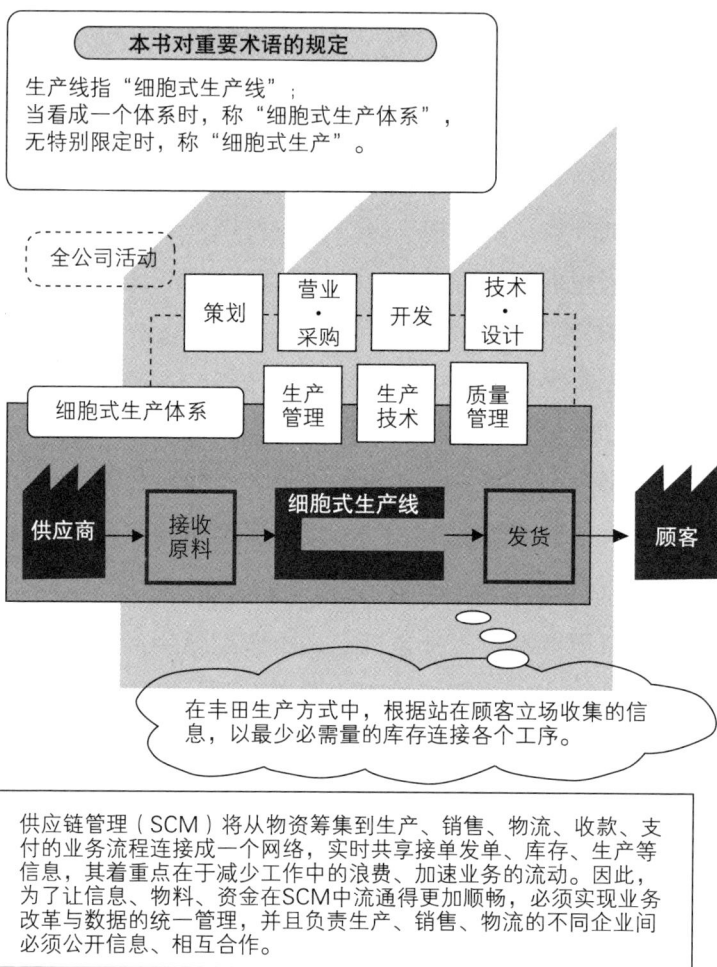

本书对重要术语的规定

生产线指"细胞式生产线";
当看成一个体系时，称"细胞式生产体系"，
无特别限定时，称"细胞式生产"。

全公司活动

策划　营业·采购　开发　技术·设计

细胞式生产体系

生产管理　生产技术　质量管理

供应商　→　接收原料　→　细胞式生产线　→　发货　→　顾客

在丰田生产方式中，根据站在顾客立场收集的信息，以最少必需量的库存连接各个工序。

供应链管理（SCM）将从物资筹集到生产、销售、物流、收款、支付的业务流程连接成一个网络，实时共享接单发单、库存、生产等信息，其着重点在于减少工作中的浪费、加速业务的流动。因此，为了让信息、物料、资金在SCM中流通得更加顺畅，必须实现业务改革与数据的统一管理，并且负责生产、销售、物流的不同企业间必须公开信息、相互合作。

图 1-6　将细胞式生产看作公司的活动

　　有人认为，"在导入细胞式生产方式时经常发生失败情况，其原因往往在于把细胞线和细胞式生产方式混为一谈，误以

为只要建立了细胞线就完成了细胞式生产方式"。还有观点认
为,"细胞式生产和细胞式生产体系,其对象范围和结果均有
很大不同。细胞式生产以生产线为对象,而细胞式生产体系
则以从接单到发货的整个供应链为对象"。关于上文观点中出
现的"细胞线"和"细胞式生产方式",以及"细胞式生产体
系"的相关内容,将从下一章起进行阐释。

导入细胞式生产的改进活动,不应该只限于生产线的局
部改进,而只有以全公司为单位,推进涉及整个工厂,甚至
包括供应商在内的整体优化改革,才能走向成功。这是因为
如果只改进生产线,往往会因为前后工序的制约条件而倒退,
或者无法与提高质量、降低成本、遵守交货期等成果挂钩。

作为以整个公司为单位推行的改进方法,比如在丰田生
产方式中,为了回应顾客需求,在使用"KANBAN"作为传达
信息的工具的同时推进了改进活动。近几年来,以因特网为
首的 IT 技术不断发展,越来越多的企业为了改进业务流程,
导入了连接市场与工厂的信息系统。此类商业模式中,有一
种叫做供应链管理(Supply Chain Management,简称 SCM)的
概念,即把供应商和各个工厂连接成网络,通过共享信息实
现企业间的合作。可以说,以上理念都站在整体优化的角度
看待问题,显示了以公司为单位执行活动的重要性。

专栏① 非英语圈需要什么样的外语能力？

前些日子，笔者参观了上海的某生产车间，也聊到了细胞式生产的话题。从日本来的两个人用英语说明，然后再由一个来自广东的中国人把英语翻译成汉语。而据他说，几乎还没有人能用汉语和日语两种语言谈论技术方面的话题。

当日本人与外国人共同工作时，会存在自己是长期外派还是短期出差，或是在日本教授训练生、有没有翻译、对象国跟日本的关系程度如何等千差万别的情况。在此，笔者仅就自己在制造业中体会到的关于在非英语圈使用语言的问题，谈一点感想。

1. 是使用当地语言，还是使用英语或日语？

根据长期外派的日本人的观点，使用当地语言是最有效的。但是，似乎很多当地的日系法人单位在招聘当地员工时，都会录用会讲英语的人。毕竟让日本人去学当地语言是件很困难的事。如果是讲英语，只要是日本人，数字起码能说得出口，而且也方便派遣有过驻英美经历的人。另一方面，虽然英语作为通用语言确实有效，但是在生产制造的现场也会有让人头疼的地方。因为日本作为在生产制造方面的领先国，常年来孕育出了一些"蕴含理念的词汇"，但翻译成英语却着实困难。于是有时候会直接使用日语。比如 KANBAN 就是一个例子。

2. 英语是通用语言!

据说在讲英语的人之中,以英语为母语的人的比例仅占整体的四分之一。剩下的人都是把英语作为通用语言和交流工具来使用的人。在外国的非英语圈,当笔者听到口音很重的英语时,经常会怀疑他们说的可能是"Special English(简化过的英语)"。而我,也用奇怪的日式英语(JAPAN ENGLISH)跟他们交谈。

TOEIC 考试(中文称"托业考试",是目前全球最大的商务和职业英语考试。——译者注)于 2006 年春季起,在出题时也开始采用美式口音之外的发音。英语也是多种多样的,所以日本人没必要害怕,应该先从张口说做起,多说才是最基本的。

第 2 章
细胞式生产的基本理念

2-1　细胞式生产的历史

　　本节将对自 20 世纪初福特公司（FORD）实现的大规模汽车生产到今天的细胞式生产诞生为止的生产制造历史进行归纳整理。

▶——提到细胞式生产时人们通常抱有的印象

　　一提到细胞式生产，比较容易理解的形象是电视上所介绍的"单人作业线"。即在一名作业人员周围放置几个操作台和零部件，从装配到最终检验，由其一人承担责任进行操作。而实际上所谓的细胞式生产范围相当广泛，从下一节起将会逐一阐述。

福特体系之前……手工业生产

单件生产（接单生产曾有的特点）下的"手工生产"时代。
工匠们手工制造产品的形态。

⬇

1913年之后的福特体系……传送带

1913年在生产T型车时，在子线以及主生产线（底盘装配）导入传送装
置系统，成功实现大批量生产。
采用中央管理体制，以高额报酬补偿作业人员流水作业的单调性。

⬇

20世纪60年代之后……成组技术GT、柔性制造系统FMS

多品种需求的时代背景。FMS把产品和设备中相似的东西聚集成一个
组，由此推行设备、流水线的共享，在这样的理念下，把产品、设备的
集合叫做"细胞"。此外，在GT中，还称其为"装配细胞"。

⬇

20世纪60年代之后……丰田生产方式（U字型生产线）

丰田为了灵活适应多品种少量生产，采用了U字型生产线（近年来为细
胞式生产所使用）。

⬇

20世纪80年代……沃尔沃对细胞式生产的最初尝试

在汽车总装配工序中，采取使汽车处于静止状态、以作业人员在周围环绕的
方式进行作业的方法。此时，将作业人员队伍和作业区域称为"CELL"。
该方法作为针对传动装置的单调作业所做的革新性尝试受到了世人瞩目，但
随后被中止。

⬇

20世纪90年代之后……家电生产行业的细胞式生产方式

各公司为了灵活适应多品种少量生产、变种变量生产，开始采用适应小
批量的细胞式生产线。

图2-1　细胞式生产的诞生过程

▶——细胞式生产的历史

记得当年，笔者在阅读有关沃尔沃（Volvo）汽车装配生产的报道时看到了 CELL（细胞）这个词，不禁惊讶于他们居然使用了生物方面的词汇。而在此之前，CELL 这个词也被用于成组技术（Group Technology，简称 GT）或柔性制造系统（Flexible Manufacturing System，简称 FMS）之中。在沃尔沃的汽车装配中，它起先是为了避免传送装置流水线的单调性及提高作业人员的劳动积极性而开始的试验性活动。而在丰田，则有以子线或零部件取代传送装置流水线而形成的 U 字型生产线，与今天的细胞式生产在形态上相同。

1992 年，索尼（SONY）在生产摄像机时，为了适应多品种少量和变种变量，采用了被称为"细胞式（cell）生产"或"工作细胞式（work cell）生产"的流程，于是细胞式生产扩大到了家电生产行业。

从表面上来看，人们觉得细胞式生产很像福特时代之前的传统工匠的手工生产方法。相信在今后，随着科学管理以及设备、技术方面的相关智慧不断融入其中，以人为中心的细胞式生产会发展得越来越好。

2-2 细胞式生产的定义（1）
细胞式生产线与细胞式生产体系

在本小节，将说明本书对细胞式生产的定义所采取的立

| 细胞式生产的关系 | 本书对关键术语的规定 |

细胞式生产

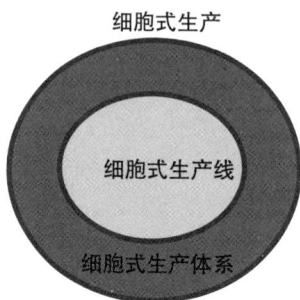

1. 生产线指"细胞式生产线"，通常也称其为"细胞"或"细胞线"
→阅读第3章
2. 体系指"细胞式生产体系"，此外也称为"细胞式生产方式"
→阅读第4章
3. 当不做特别限定时，都称为"细胞式生产"

| 各文献的定位 |

本书以生产方式（是拉动式生产还是推动式生产）和对象范围（是个别生产线还是全公司性活动）为两条轴，对各文献所阐释的细胞式生产的领域或立场进行了定位。（关于具体文献，请参考下一小节）

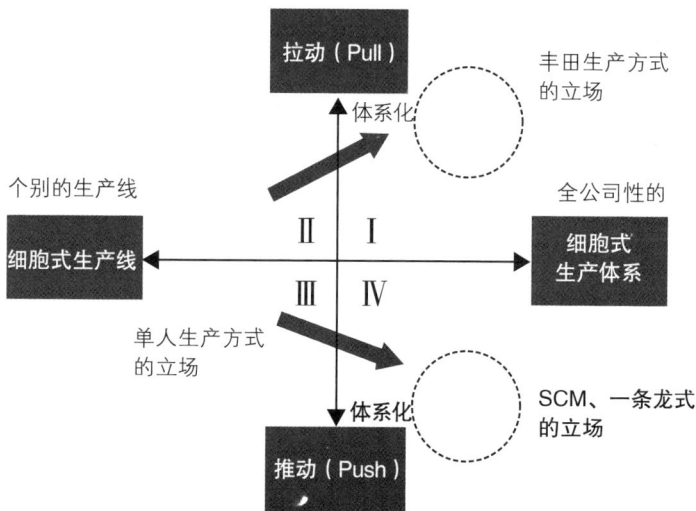

图 2-2　细胞式生产线和细胞式生产体系

场。不同的书籍对细胞式生产的定义莫衷一是，没有一个统一的规定，很难理解。

产生这种情况的原因，可以总结为以下几点。

原因之一　细胞式生产之前的影响。细胞式生产之所以难以定义，存在这样一个背景：在细胞式生产之前，存在不少类似方式的案例，由于其作为"细胞"是逐步形成体系的，故难以确立一个定义。

原因之二　细胞式生产的称呼纷繁不一（参考 2-3）。有些书会把个别生产线称为"方式"，故对于习惯了"丰田生产方式"（其表示的是"体系"）这一用语的人而言，造成了理解上的障碍。相反，有些虽然在表述上是"由一名或者几名作业人员进行……"，但实际上却具备体系性。

原因之三　立场、对象多种多样。一般认为，对细胞式生产的讨论可以大体分为两类，一类是"以单人生产方式为代表，着眼于少数作业人员在个别生产线上进行生产制造"，另一类是"认为丰田生产方式等才是细胞式生产的出发点，阐释时着眼于其体系性"。还有的观点认为丰田生产方式与细胞式方式是性质不同的两个概念。如果阅读了笔者对各文献定位所做出的评价（参考 2-3），就可以了解各种文献具有互不相同的立场。

▶本书在说明时的立场

本书针对个别制造线使用"细胞式生产线"一词，针对整个生产系统使用"细胞式生产体系"一词，从而加以区别。在

第 3 章和第 4 章，笔者会尽量把体系性的概念区分开来。

2-3 细胞式生产的定义（2）
先行文献的各种定义

表 2-1　各文献对细胞式生产的定义

名称 （出处）	定义、描述	定位
细胞式生产 （《库存为什么减不下来》日经情报策，2002 年 5 月刊，花泽裕二、渡边一正）	指从第一道工序到最后一道工序，由一名作业人员负责完成的方式	I 或 IV
细胞式生产 （《70 个要点理解细胞式生产》今冈善次郎，工业调查会）	以废除由大量生产时代的分工制和传统阶层结构式的生产组织导致的不平衡和浪费为目的，以用小批量形成流程为机制，遵循以人为中心、组织灵活化的原则，具有自我完善能力的、不断进化的生产方式 细胞式生产的基础是丰田生产方式	II
细胞式生产 （《用佳能方式的细胞式生产 改变意识、改变公司》酒卷久，日本能率协会管理中心）	细胞式生产是废除了传送带、由少数多能工进行产品组装的生产方式。用一句话说明，就是"自律分散型生产方式" "细胞式生产系统"超出了制造部门的范围，将其看作是推进全公司结构改革的企业管理体系	III

（续表）

名称 （出处）	定义、描述	定位
细胞式方式 （《整流生产制造》佐武弘章，东洋经济新报社）	细胞式方式是由一名或少数几名作业人员负责多项工序的作业，以独立解决的方式进行生产的方式。细胞式方式应理解为作业方式，与丰田生产方式性质不同	I 或 IV
细胞式生产体系 （《细胞式生产体系》《简单易学 细胞式生产书》岩室宏，日刊工业新闻社）	细胞式生产的定义是"由一名或数名作业人员完成一件产品的、具有高度独立解决性的生产方式" 细胞式生产以制造线为对象；与之相对，细胞式生产体系则以从接单到发货的整个供应链为对象	III
作业集约化方式 （细胞式生产方式） （《制造业中构建灵活运用高龄人员模型的相关研究 报告书》高龄·残障者雇用支援机构）	作业集约化方式是指由一人或几人组成的小组承担从零部件的安装到装配、检验的整个生产流程的生产方式，其最大的特色在于作业工序的灵活性	I 或 IV
细胞式生产方式	（1）对细胞式生产方式虽然没有明确的定义，但包含了以下三点要素。 ①由少数人组成活动单位（细胞），以求发挥人的积极性和能力 ②消除分工制的弊害，连接各道工序，以实现一条龙式的生产 ③废除用于大量生产的传送带和高速自动机械，加入用于少量生产的设备	
[改良型细胞式生产方式]	（2）在改良型细胞式生产方式中，"撤掉传送带，以几个人组成小组，对有限的品种进行一条龙式生产"	

023

名称 （出处）	定义、描述	定位
[革新型细胞式生产方式] （《从一开始 同步细胞式生产方式》柳生俊二，日刊工业新闻社）	（3）在革新型细胞式生产系统中，"在现场主导的自律性生产运营中，几个人组成的小组以数量有限的库存，使用简便的设备，能卖掉多少就迅速生产出多少" 近几年，日本的电机生产龙头企业作为生产革新的一个环节而实施的细胞式生产方式，是以丰田生产方式为基础的革新型细胞式生产方式 　注：该文献站在革新型细胞式生产方式的立场	II
细胞式生产方式 （《生产体系的革新与进化》都留康，日本评论社）	细胞式生产方式是指"将生产线分为几个小的单位，将多能化的作业人员分配给每个小单位，进行小批量生产以灵活适应市场需求微弱变动的生产体系"	I 或 IV
细胞式生产方式 （《专题：撤除传送带的冲击 迅速萌芽的由单人完成工作的"细胞式生产"》日经Mechanical，1995 年第 439 期）	细胞式生产方式是指"从第一道工序到最后一道工序，分别由少数几个人各自负责一件产品，毫无停滞地进行加工装配、具有多道工序的独立解决型生产制造"	I 或 IV

※关于"定位"，请参考上一小节相关内容。

2-4　细胞式生产的定义（3）
细胞式生产与各种生产方式的关系

在本节，笔者将着眼于基本的分类，对细胞式生产进行分类整理。

根据《生产管理基础》（村松林太郎著，国元书房，1970

年），生产形态可以分为两类：

①连续生产形态

②个别生产形态

而在实际的生产活动中，进而可以分为以下几类：

①流水线生产方式

②批量生产方式

③个别（工作间）生产方式

本小节对以上几种生产方式以及细胞式生产的条件和特征进行了归纳整理，参见本小节表 2-2。

为了顺应多品种少量生产和变种变量生产的时代需求，细胞式生产这种生产方式大致融合了个别生产的需求上的条件和流水线生产的工序上的条件。基本可以总结为以下内容。

产品规格：以顾客（消费者、客户）要求为准

品种数量：多个品种（多品种、变种）

要求数量：无法预测（少量、变量）

交货期：交货期较短

生产速度：超过平均要求速度

生产工序：单一工序或混流工序

能力平衡：编排工序的能力平衡

换模换线：必须考虑到

表2-2　各生产方式的条件及特征

项目		流水线生产方式	批量生产方式	个别生产方式	细胞式生产方式
需求条件	产品规格	原则上由生产者决定规格。如果是由客户决定规格，则在某段期间内同一产品有连续的需求量，能够经济地设置专用工序时，采取此生产方式	等同于流水线生产方式。如果同一品种在某段期间内虽然有连续的需求量，但配置单一品种的专用工序并不经济时，采用此生产方式	所有产品的规格均由客户决定	等同于个别生产方式。多品种少量及变种变量生产的时代
	品种数量	单一或者多种	多种	有多少顾客或订单，就有多少种产品	
	要求数量	某段期间内每种产品的要求数量可以预测或者已知	等同于流水线生产方式	每种产品的要求数量无法预测	
	交货期	顾客要求时，必须马上交货	等同于流水线生产方式	每一份订单都有一个允许有交付周期的交货期	等同于流水线生产方式。交货期短
工序条件	生产速度	生产速度等于平均要求速度	生产速度比平均要求速度快	没有生产速度的概念，但有所需时间的概念	
	生产工序	设置每种产品的单一生产线或者多个品种的混合生产线	生产速度比平均要求速度快	没有生产速度的概念，但有所需时间的概念	等同于流水线生产方式
	能力平衡	要对工序进行编排，使工序具有能力平衡性	等同于个别生产方式	编排工序时不存在能力平衡的概念	
	换模换线	原则上不考虑换模换线	等同于个别生产方式	生产各个品种时需要进行换模换线	等同于个别生产方式

出处：以《生产管理基础》（村松林太郎著，国元书房）为基础，添加了部分内容。

026

2-5 细胞式生产的定义（4）
与传送装置流水线相比较时呈现的特征

在上一节介绍过，细胞式生产的工序条件基本等同于流水线生产方式。那么，流水线生产方式的传送装置线具有怎样的特征？成功实现了汽车大量生产的福特体系，简单用一句话来说，就是采用传送带的"移动装配法"。一般认为，福特体系的主要组成内容有如下两个方面：

生产合理化：①作业方法机械化；②采取流水作业；③通过传送带统一管理

管理自主化：①服务于管理；②服务于工人——工资高；③服务于顾客

虽然福特向工人支付高额的工资，但人们批判福特使人从属于机械。其后，人们坚持不懈地改良生产制造的方式，逐渐向今天这种以人为本的理念靠拢，而细胞式生产在其中发挥了重要的作用（请参考 1-5，第 9 页）。

▶——传送装置与细胞式生产相比较

一份以在制造业中构建灵活雇用高龄人员的体制为长远目标、对细胞式生产进行定位的研究报告（《制造业中构建灵活运用高龄人员模型的相关研究报告书》高龄·残障者雇用支援机构）站在细胞式生产是"以人性和生产率的和谐融合为目标的生产方式"这一观点上，对细胞式生产进行了整理，非常具有参考价值。表2-3、2-4对此进行了归纳总结。

表2-3 作业集约化方式（细胞式生产）与流水作业方式之比较（生产制造）

比较内容	作业集约化方式（细胞式生产）	流水作业方式（传送带）
产量	换模换线导致的损失小，由于不会像流水线作业那样可能会受到其他工序作业人员或自动机械故障的影响，采取作业集约化方式对产量更有利	如果是少品种大量生产则产量稳定，但容易被设备和人员的平衡损失所左右
设备运转率	由于能够最大限度地减少设备运转造成的损失以及换模换线造成的损失，所以设备运转率稳定	设备的短暂停机或换模换线将影响整个流程，是产生大幅度损失的重要原因
设备投资额	以手动作业为主，能够实现相对小额的投资	大多伴随大额投资，设备折旧率与商品寿命不吻合
作业（动作）节奏	不容易被打乱	容易被打乱
取放作业时间	比流水作业方式要少	分割的工序数量越多，消耗时间越长
时间方面对作业人员的限制	比传送装置流水作业方式的自由度大	较之作业集约化方式，作业本身单调，受束缚感强

►——关于传送装置作用的注意事项

使用传送装置时必须注意一点，即传送装置是否被作为决定生产速度的进度控制装置。如果单纯把传送装置作为搬运手段，则容易产生浪费，此时适宜采用细胞式生产。

表 2-4 作业集约化方式（细胞式生产）与流水作业方式之比较（作业人员的意识）

比较内容	作业集约化方式（细胞式生产）	流水作业方式（传送带）
让作业人员能够调节作业的速度	可以适应（较多持肯定性意见）	取决于自动机械的节奏
感到厌倦	比流水作业方式程度小	比作业集约化方式显著（感觉单调）
对作业的责任感	比流水作业方式高	较之作业集约化方式，容易降低责任感
作业人员在分担责任的范围上及自由裁量方面有一定余地	该生产方式具有在很大程度上移交责任和权限的可能性（较多持肯定性意见）	由于作业单一固定，容易造成只负责前后作业的部分责任的情况
能把作业状况和解决办法迅速反馈给作业人员	可以适应（能够马上进行反馈）（较多持肯定性意见）	在得到反馈时，往往已经生产了大量产品，缺乏时效性
给予作业人员作业目标（质、量两方面）	可以对应（能够自我管理，独立解决）（较多持肯定性意见）	可以对应。但通常只限于单一工序

出处：根据日本《制造业中构建灵活运用高龄人员模型的相关研究报告书》（高龄・残障者雇用支援机构）制作而成。

2-6 细胞式生产的定义（5）依赖作业人员型生产方式

在本章前几节中，阐述了不同书籍由于立场和对象不同，对细胞式生产有各种各样的定义。本节将对笔者所理解的"细胞式生产"的定义进行整理和阐述。

首先，传送装置流水线难以灵活适应多品种小批量生产或变种变量生产，所以为了弥补它的不足，就要求采取细胞式生产等更有效率的生产方式。

本书所要阐述的问题，狭义上是以个别的细胞式生产线为对象，广义上则以细胞式生产体系为对象。此外，并不特别过问其是拉动型生产还是推动型生产。本书的论述主要围绕着如何把向顾客销售的商品的信息传达给生产线，以及如何持有库存等主题展开。

细胞式生产的组成要素、性质和目的是：不使用传送装置，通过以人为中心的自律分散形式，发挥人的积极性和能力。

细胞式生产是由工作多面手且具有高级技能的一名或几名操作员，以低成本、简易的设备进行量产的方式。反过来看，为了生产，作业人员必须通过作业训练等方式掌握高级技能。这些内容将在后文中详细阐述。

总结上述内容，可以得出以下有关细胞式生产的定义。

细胞式生产是指具备以下特点的一系列生产方法：由一名或多名作业人员负责多项工序，以摆脱传送装置的简易设备进行生产，其生产线性能具有因作业人员能力不同而自律变化的特点。在此，狭义上指单个的细胞式生产线，广义上指细胞式生产体系。此外，不特别追究其为拉动型生产或是推动型生产。

表 2-5　细胞式生产定义总结

名　　称	个别的生产线称为"细胞式生产线",体系称为"细胞式生产体系"。如无特别限定,则称为"细胞式生产"
定义细胞式生产的前提条件:对象	1. 不讨论是个别的生产线还是生产体系 2. 不讨论是拉动型生产(pull)还是推动型生产(push) 　　如有特殊情况,将另作说明
构成细胞式生产线的共通因素:输入	1. 人:一名或几名作业人员 　(作业人员是承担多道工序的多能工,必备技能要求高) 2. 产品:并非生产单一品类,而是重复性地量产制品 3. 设备:低成本的简易设备 　(摆脱传送装置,用于少量生产的设备)
性质、目的	如果采取传送带形式:①标准作业下将规定传送带(机械)的速度。如果有速度慢的员工,须做配合员工速度等相应处理。②作业被细分(进行分工),工作单调且束缚感强 　　　　──→具有他律性 　　　另一方面,采取细胞式生产方式(以人为主体):①质量、生产率等生产线性能将依赖于人。尤其是人成了进度控制装置,由人决定作业速度。②以发挥人的积极性和能力为目的,使其承担多道工序 　　　　──→具有自律性(具有依赖作业人员的性质)
输出	其利弊将在后文中阐述

细胞式生产的定义

　　细胞式生产是指具有以下特点的一系列生产方法:

　　①由一名或几名作业人员承担多道工序;

　　②以脱离了传送装置的简易设备进行生产;

　　③生产线性能取决于作业人员的能力;

　　④在此,狭义上指单个的细胞式生产线,广义上指细胞式生产体系。此外,不特别追究其为拉动型生产或是推动型生产。

2-7 细胞式生产线的作业形态（1）
生产线的基本形状

　　细胞式生产线也称为"细胞"或"细胞线"。图 2-3 模式化地展示了几种细胞式生产线的基本形态。使用时要根据人员编排、设备及工序编排、零部件与产品的物流等条件，选择合适的形态。

　　直线型（一字型）：如图 2-3 所示，基本是单人生产线或由多人组成的直线型分工作业线。可以根据生产量和工序长度，对作业人员分工或对其担任的工序进行分割。有时也会让一个人负责一道较长的设备工序，但必须不断改进，消除步行移动等造成的浪费。

　　二字型（平行线，二重）：为了让员工面对面分别进行产品生产，或为了把作业人员的零头人数凑在一起以减少浪费而采用此形态。当想统一产品的流出口，使其呈单方向流动时使用(在这一点上，较长的直线型生产线亦相同)。

　　U 字型（U 字、C 字）：使用 U 字型生产线的目的在于缩短行走距离或统一零部件和产品的进出。直线型生产线如果由于设备工序的缘故而难以缩短时，则使用 U 字型更有利。单人生产时的 U 字型生产线叫做单人货摊式生产方式。

　　其他：还可以将上述几种形态相互连接组合，根据工序情况设计存在分流或合流的生产线。

直线型

单人

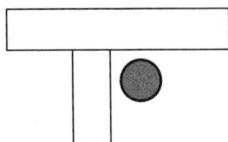

（作业人员）

多人

T字型

二字型

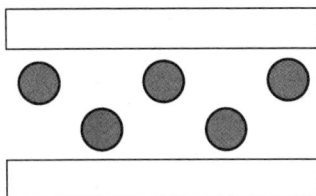

U字型

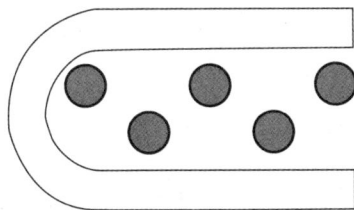

图 2-3　细胞式生产线的各种形状

2-8 细胞式生产线的作业形态（2）
单人生产方式

一般认为，细胞式生产线的方式基本有以下三种类型。

①单人生产方式，也称为单人方式
②分割方式
③巡回方式

虽然以上几个术语都以"~方式"命名，但仔细分析一下的话，其实不过是生产线内作业人员人数与作业方法存在差别而已。特别是面对生产量的变动，选择单人生产方式，通过增减小规模生产线的数量；或是选择分割方式，以调整作业人员的人数灵活适应。对二者的区分应用非常重要。在此，区分生产线的形状(是 U 字型生产线还是直线型生产线) 没有太大的意义。也就是说，必须发挥上述方式的长处，在千变万化的产品和生产工序条件下，思考如何减少浪费、更高效地进行生产。

单人生产方式

单人生产方式是指由一个人完成作业。如表 2-6 所示，最理想的是员工在固定位置进行作业。然而在现实中，根据不同的设备和工序条件，有些单人作业可能会伴随步行移动而造成浪费，采取等同于分割方式(将在下一小节阐释) 的形态。在这种情况下，如果能通过改进与修正，把所有零部件、

夹具和设备都放置在作业人员伸手够得到的地方，就能实现
固定位置作业。

表2-6 单人作业的生产线

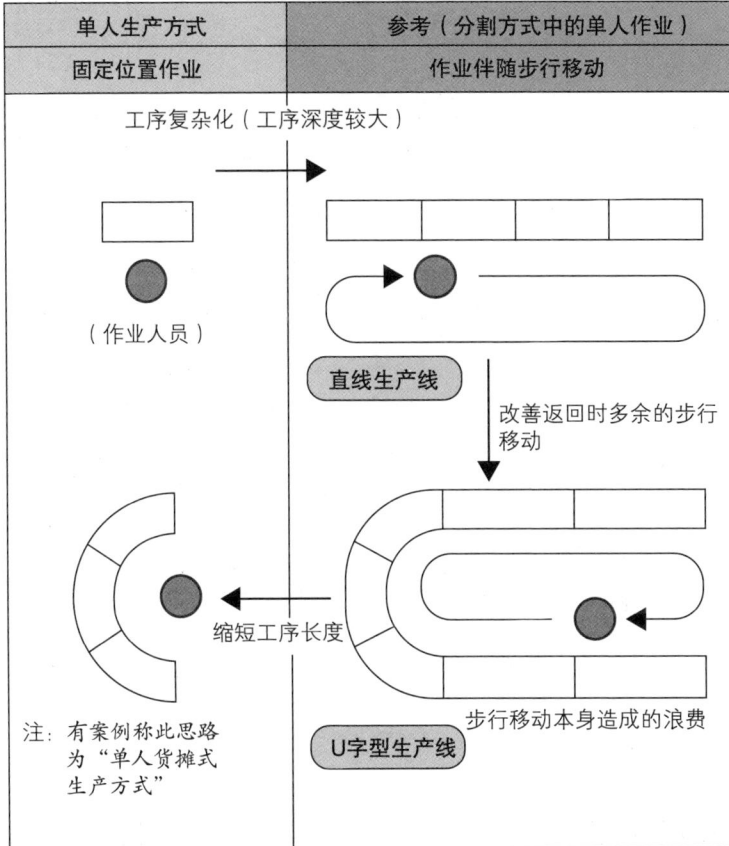

单人生产方式	参考（分割方式中的单人作业）
固定位置作业	作业伴随步行移动

工序复杂化（工序深度较大）

（作业人员）

直线生产线

改善返回时多余的步行移动

缩短工序长度

步行移动本身造成的浪费

U字型生产线

注：有案例称此思路
为"单人货摊式
生产方式"

　　如果采用该方式，作业人员作为多能工，需要很高的操
作技能，作业人员在达到熟练之前需要花费较多时间。此外，
该方式通常情况下适合生产少量产品。当需要生产大量产品
时，由于要增加生产线数量，所以作业空间和设备投资的利

用率会降低。

表2-7 多名作业人员的生产线

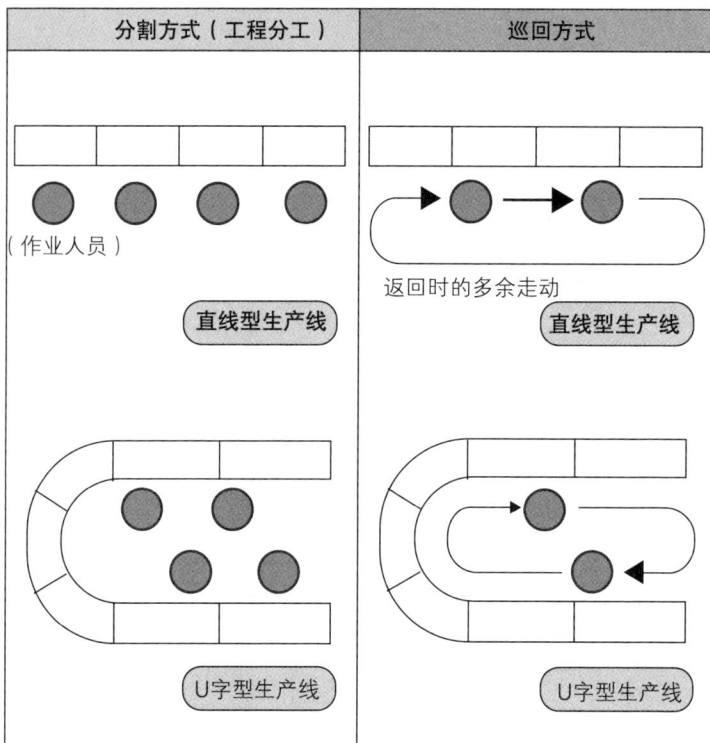

分割方式（工程分工）	巡回方式

（作业人员）

直线型生产线

返回时的多余走动

直线型生产线

U字型生产线

U字型生产线

☆这种称呼要不得
　也有人把巡回方式叫做"逐兔式"。这种叫法把作业人员比作了动物，所以我认为"巡回方式"的说法更为合适。

2-9 细胞式生产线的作业形态（3）
分割方式、 巡回方式

分割方式

分割方式是指在生产线内安排多名作业人员，通过分割工序而分工进行生产的方式。在各个分割工序内，可以分为作业人员在固定位置作业或行走式作业两种情况，具体取决于所承担工序的长度。

由于该方式对工序进行分割，所以在作业人员熟练掌握之前通常需要花费一定时间。并且，该方式通常适合生产大量产品。也可以导入价格相对较高的设备。对于生产量的增减调整，通过分割工序、增减各作业人员的周期时间来灵活应对。但是，由于作业单调，会产生与传送装置生产线相同的问题，所以要在维持员工积极性上下工夫，比如实行轮班制，或进行多能化培训等。

巡回方式

巡回方式是指在生产线内安排多名作业人员，每个作业人员独自完成全部工序。相当于每名作业人员都做与上一节所述的单人作业相同的事。自工序的开始到结束，巡回一周完成一件产品。

采用这种方式，如果安排很多作业人员，则速度慢的作业人员的停滞将造成生产率低下，没有效率。此外，具体的生产线的长短有可能会使作业人员影响到其他作业。如前一小节所述，平均每人的行走距离将会增加。

此外，巡回方式也要求作业人员作为多能工，具备相应的操作技能。关于生产量，仅调整作业人员的数量就可以增减生产数量，所以比分割方式更具有灵活适应性，在生产数量每天有大幅度变化的产品时格外有效。

2-10 细胞式生产线的作业形态（4）选择单人生产还是分割方式？

需求变动与细胞式生产线安排的关系，通常如图2-4所示。具体来说，会根据生产数量、产品种类数量、生产每件产品的平均所需工时、工序数量、设备数量、设备费用、费用回收期等生产线所处的条件不同而发生变动。

最基本的编排方式是由一名作业人员进行生产的单人生产方式，和由几名作业人员分工生产的分割方式。

▶——编排细胞式生产线时的通常步骤

首先，为了充分发挥作业人员的作用，要撤掉传送装置生产线。然后增加作业人员的负责工序，减少平均每条生产线上的作业人员数，最终就形成了单人生产方式的生产线，即从首道工序到最终检验工序全部由一名作业人员独立完成。

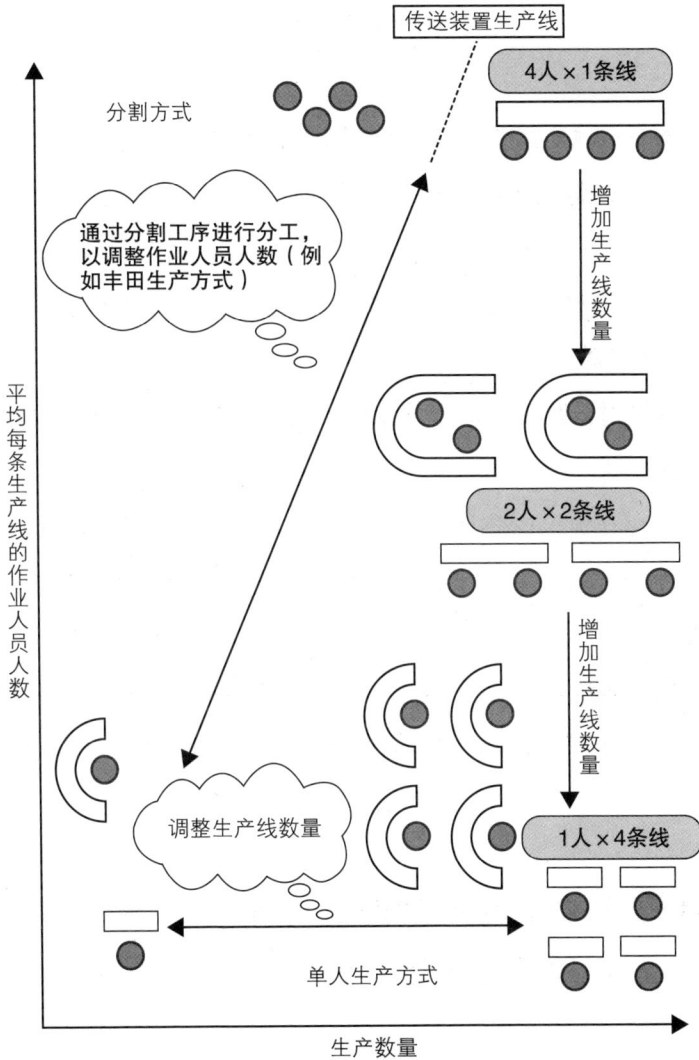

图 2-4　细胞式生产线的数量调整

在此，当需要生产一定数量的产品时，减少每条生产线的作业人员，往往意味着增加生产线的数量。

▶——根据需求变动调整生产量高低的方法

通过调整生产线数量来灵活适应

采用简易设备构成的生产线，可以比较容易地通过增加或减少生产数量或品种数量来调整单人生产方式的生产线数量，以此解决问题。

在通过分割工序进行分工时，通过增减作业人员人数来灵活适应

当存在价格昂贵的检验设备时，将更多地使用较长的混流生产线。这种情况下，通过分割工序，让作业人员进行分工生产。

如果需要增减生产数量，则重新分割工序以增加或减少作业人员的数量，以此解决问题。此外，还可以根据生产量的变动改造生产线设备，或变更生产线长度。

2-11 细胞式生产的理念（1）
必须灵活运用人的能力

在前面的章节中曾介绍过，细胞式生产是一套以人为中心、灵活多变的机制。在灵活适应多品种少量、变种变量的市场需求的急剧变化上，人们对细胞式生产寄予了越来越高的希望。

▶——"人"在细胞式生产中的意义

提高人的能力

由于一名或几名作业人员要负责多道工序，所以作业人员必须具备作为一名"多能工"所需的操作技能。而且通过作业，作业人员将进一步提高作为一名生产制造者的技能，成为适应新工作的战斗力。

提高人的意识

细胞式生产的目的之一在于通过把作业交由作业人员负责，从而使其产生责任感和成就感，并体会到工作的意义，提高工作积极性。而采用传送装置，作业人员作为"单能工"，无法避免服从于机械的感觉。

▶——由人创造输出品

通过发挥人的能力，可以期待细胞式生产在品质（Q）、成本（C）、交货期（D）三方面产生以下成果：①检验并处理异常状况（产品质量、作业）；②提高生产率，降低设备投资；③削减库存、缩短交付周期、削减生产所占空间。

此外，随着萌生出竞争意识，人均生产效率将会得到提高，这是细胞式生产的优点；但在另一方面，这也意味着要依靠作业人员的个人能力，而且可能会让作业人员感到负担，产生心理压力。

时代要求能够适应急剧的需求变动的灵活性（flexibility）

↑

多品种少量、变种变量需求

细胞式生产是"由一名或多名作业人员承担多道工序，生产线性能自律地取决于作业人员能力"的生产方式

承担多道工序的熟练技能

尊重人性的理念

· 他人对自己的期待
· 自身的成就感
· 体会工作的意义
· 提高工作积极性

人
"多能工"

· 提高自身技能
· 获得改进工作现场的能力

细胞式生产线值得期待的优点
①检查并处理异常状况（产品质量、作业）
②提高生产率，降低设备投资
③削减库存、缩短交付周期、削减生产所占空间

缺点
①质量和生产率依赖于人的能力
②让人产生过度的负担感

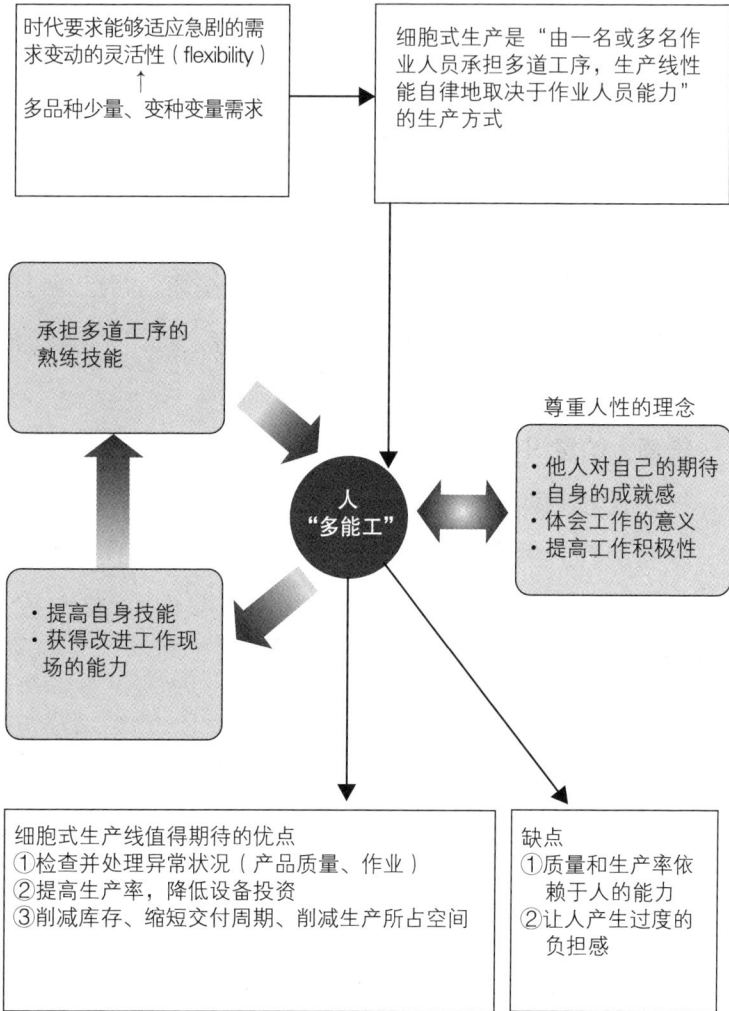

图2-5 细胞式生产可以激发人的能力

如上所述，人具有灵活性，细胞式生产通过激发人的能力，可以创造出人性化的生产线。

2-12　细胞式生产的理念（2）
　　　　细胞式生产的注意事项

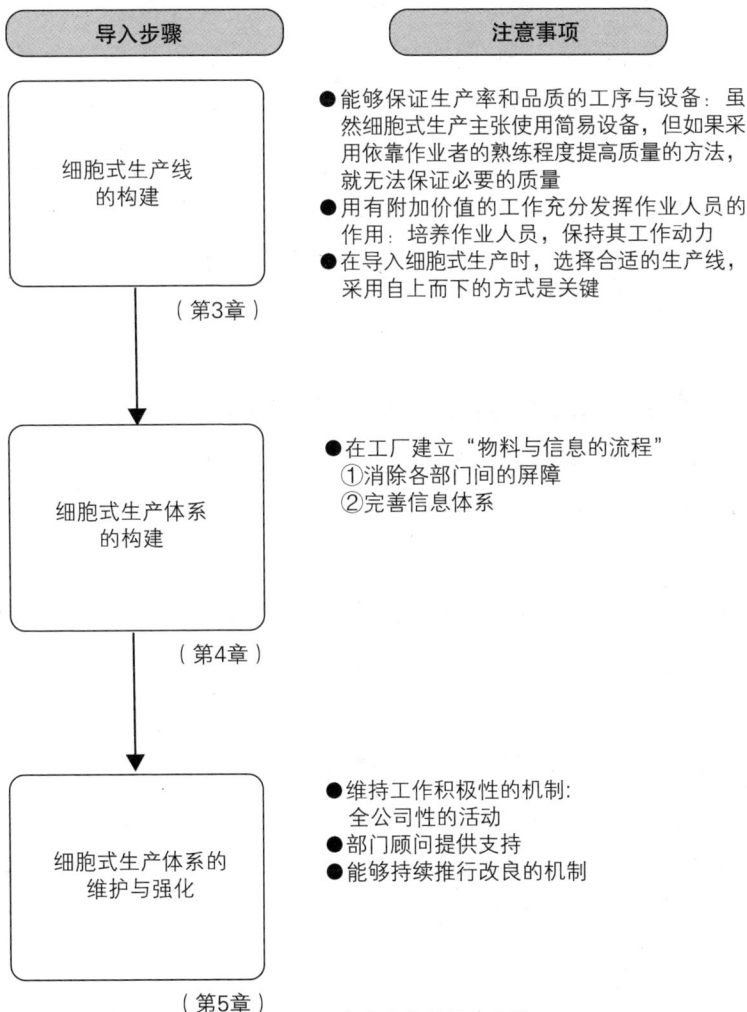

导入步骤	注意事项

细胞式生产线的构建

（第3章）

- 能够保证生产率和品质的工序与设备：虽然细胞式生产主张使用简易设备，但如果采用依靠作业者的熟练程度提高质量的方法，就无法保证必要的质量
- 用有附加价值的工作充分发挥作业人员的作用：培养作业人员，保持其工作动力
- 在导入细胞式生产时，选择合适的生产线，采用自上而下的方式是关键

细胞式生产体系的构建

（第4章）

- 在工厂建立"物料与信息的流程"
  ①消除各部门间的屏障
  ②完善信息体系

细胞式生产体系的维护与强化

（第5章）

- 维持工作积极性的机制：
  全公司性的活动
- 部门顾问提供支持
- 能够持续推行改良的机制

图 2-6　细胞式生产的导入步骤

细胞式生产并不是只要完成了导入就可以高枕无忧。在本小节，将介绍为获取理想成果而必须注意的几点事项。

从整体来说，在导入细胞式生产时，从大局出发选建示范线并选定产品是基础中的基础。首先，要谨慎扎实地建立一条容易保证质量和生产率的生产线及机制，下一步再开始向整个工厂横向推广。

作为基本的导入步骤，应该采取细胞式生产线→细胞式生产体系→维护与强化的方式。不过在实际中，一般是同时平行展开的。

▶——构建细胞式生产线时的注意事项

虽然使用低成本的简易设备有很大好处，但如果产品质量完全取决于作业人员的熟练程度，就无法保证必要的质量。必须构建出能够保证生产率和产品质量的工序与设备。通过把作业实现为具有附加价值的工作，有利于进一步发挥作业人员的作用。

▶——构建细胞式生产体系时的注意事项

重要的是必须构建一条物料和信息都不会停滞的"流程"线。为此，应该消除各部门之间的"屏障"，而且还应该完善生产指示等方面的信息体系。

▶——维护与强化细胞式生产体系时的注意事项

导入细胞式生产，如果加重了作业人员的负担，那么即使生产率得到了提高，也不会长久。必须建立一个全公司性的评价机制，保证作业人员积极的工作劲头。此外，为了维护与强化细胞式生产，不能只依靠现场的监督人员。管理顾问也应该参与帮助，这样才能更好地开展活动。

2-13 细胞式生产的优点（1）
针对变化做出迅速反应

根据各种具体的作业形态(设备布局以及作业方式等) 的不同，细胞式生产各有其优点和缺点。但是，由于所赋予的产品、制造工序及生产量等具体条件的问题，甚至可能得不到预期的结果。从本小节起，将对细胞式生产的主要优点进行一般性说明。

▶——细胞式生产能够对变化迅速做出反应

优点

细胞式生产通常采用简便的设备，并能充分发挥人的能力，所以具有很高的灵活性与机动性。在多品种少量、变种变量生产的今天，在需求发生急剧变动的情况下，细胞式生产容易对状况的变化做出反应。

提高成效的方法

·进行迅速的生产变更时，采用以简易设备进行单人生产的生产线。

優点
細胞式生产具有灵活性，当需求等出现急剧变动时，容易对状况的变化做出及时的反应
 →对于多品种少量生产、变种变量生产具有机动性
① 可迅速做出生产变更
② 容易灵活适应生产量变动
③ 能适应多种产品的同时生产

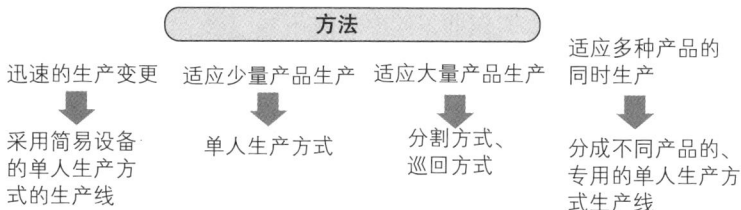

方法

迅速的生产变更	适应少量产品生产	适应大量产品生产	适应多种产品的同时生产
⬇	⬇	⬇	⬇
采用简易设备的单人生产方式的生产线	单人生产方式	分割方式、巡回方式	分成不同产品的、专用的单人生产方式生产线

实施时的要点
● 根据利润＝售价−成本，
  在推进活动时，要根据构成成本的各项要素，分别制定目标成本
  （自下一小节起不再赘述）

● 提高切换品种时的速度（例如使用简易设备迅速启动生产，或者想办法让生产线的切换更容易）

● 对作业人员施行多能化培养，不断提高其操作技能

图 2-7　如何对变化迅速做出反应

· 在进行少量产品生产时，采用单人生产方式。

· 在进行大量产品生产时，采用分割方式或巡回方式。

· 生产多个品种的产品时，采用分成各个产品专用的
单人生产的生产线。

为获得更好的效果而应注意的要点

在顾客决定售价的今天，遵循如下公式：

$$利润 = 售价 - 成本$$

所以，必须按照不同的成本组成要素来制定目标成本（例
如控制设备和夹具工具的费用等），在此基础上开展活动（自
下一小节起不再赘述）。

细胞式生产的一大特点是可以充分发挥作业人员的作用。
为此，必须有计划地推行作业人员的多能化培养，不断提高
其操作技能。

2-14 细胞式生产的优点（2）
提高生产率

▶**通过细胞式生产提高生产率**

优点

通常来说，细胞式生产采用简便的设备，充分发挥人
的能力。如果使用庞大的传送装置生产线，夹具工具或者
设备的换模将花费很长时间，而使用细胞式生产则可以在

优点
- 夹具工具及设备的换模时间缩短
- 通过发挥人的能力，可以提高作业人员的士气，提高生产率
- 在单人生产方式中，不需要调整生产线平衡

方法

适应少量产品　　　　适应大量产品

单人生产方式　　　分割方式、巡回方式

实施时的要点
- 重视改善活动的机制并让部门顾问提供支持帮助
- 灵活运用IE手法……分割工序、缩短时间、消除浪费、分析作业、改善夹具工具等
- 设计最合适的布局……操作台、零部件位置
- 反复修改产品设计
- 采取单人生产方式时，一步步进行改进，随着生产量的增加进行阶段性投资
- 特别是在采用单人生产方式时，要采取能够有效利用工时零头的运行方法

图 2-8　如何提高生产率

短时间内完成。而且，发挥人的能力可以提高作业人员的士气，提高生产率。如果采用单人生产方式，也不需要调

整生产线平衡。

提高成效的方法

通常，根据生产量等条件的不同，

· 生产少量产品时采用单人生产方式。

· 生产大量产品时采用分割方式或巡回方式。

为获得更好的效果而应注意的要点

为了提高生产率，必须推行改进活动。在建立改进活动机制的同时，部门顾问提供的支持帮助必不可少。要把 IE 手法灵活应用在分割工序、缩短时间、消除浪费、分析作业、改善夹具工具等方面。

要进行作业分析，设计布局最合适的操作台、零部件位置。同时，还应该把通过作业得到的内容反馈给设计方面，反复修正产品设计。

采用单人生产方式时，不要一次性建好所有生产线，而应该在实行改善后，随着生产量的增加，逐次并阶段性地进行投资。

特别是单人生产方式的生产线，根据生产数量不同，会多出工时上的零头，所以必须建立管理工时的机制。

2-15 细胞式生产的优点（3）削减库存

▶——通过细胞式生产削减库存

优点

优点
● 通过"一个流"及最少的半成品数降低库存
● 随着库存的削减，可以缩短生产线、腾出空间
● 缩短整体的交付周期
　①在生产线上缩短生产周期时间　②在整体上缩短物流周期时间等

方法

①单人生产方式

↓

没有半成品，从头到尾完成所有工序

②分割方式

↓

"一个流"、设定标准持有量、最少的半成品数

③整个工厂

↓

通过同步化、后工序拉动前工序的方式，在各道工序间保持合理的中间库存

实施时的要点
● 细胞式生产线要精简设备
● 应该重视工厂整体的改进活动的机制和部门顾问提供的帮助支持
● 为了实现整体上的最优化，应该完善生产均衡化和后工序拉动前工序
　等信息体系
● 重新调整外部仓库，把修正活动扩大到供货商一端
● 有效利用腾出的空间，作为作业人员培训基地及设备改进场所

图 2-9　如何削减库存

　　一般来说，细胞式生产的基本形式是"一个流"。通过标准化作业，能够通过最少的半成品数来降低库存。以往采用传送装置生产线时，容易产生不必要的中间库存，而细胞式

生产随着半成品库存的降低，能够缩短生产线，腾出剩余空间。削减生产线上的库存，也有利于缩短生产周期。而且，通过工厂整体的活动削减工序之间的库存，也有利于缩短整体上的交付周期。从统筹整个工厂的角度，可通过一条龙式或者后工序拉动前工序的方式，把工序间的库存控制在最小状态。

提高成效的方法

采用单人生产方式时，没有半成品，由一个人从头至尾完成全部工序。当采用分割方式时，以"一个流"的形式设置标准持有量，将半成品数控制在最小范围内。

为获得更好的效果而应注意的要点

为了降低库存，必须推行改进活动，例如精简细胞式生产线的设备等。削减工厂整体的库存有利于缩短交付周期，所以关键在于建立生产均衡化以及后工序拉动前工序等机制，还包括完善信息体系。而且，还应该反复修正供货商的来料和仓库存货等，降低不必要的库存。削减库存的第一步，是开展5S运动。做好了整理工作，消除了不必要的库存，就能清楚地发现异常状况。对于工序之间的库存，有时候也可以在制定原则的前提下持有一定量的必要库存。节省出来的空间可以有效用于培训作业人员或改进设备，以创造更良好的工作空间。

2-16 细胞式生产的优点（4）
提高质量

优点
- ●作业人员的意识与责任感提高，从而维持并提高了产品质量
- ●细胞式生产内加入了夹具工具、设备等机构，从而保证了质量

方法

细胞式生产线在保证品质时，大多需要依靠人的能力

进行作业训练，培养熟练的作业人员
提高作业人员检查质量异常的能力

实施时的要点

- ●在试制阶段或启动初期，或在难度较高的生产线，特别是容易出现质量不良问题的生产线上，要投入熟练的作业人员组成生产线，同时完善作业指导书及操作指南
- ●有效利用专用工具和简易检测仪器，保证质量
- ●建立这样一个机制：当发生异常时能够马上停止生产线运转，并通知管理人员，明确处理措施的规定

图 2-10 如何提高品质

▶通过细胞式生产提高质量

优点

由于细胞式生产可以充分发挥人的能力，所以能够激发作业人员的工作积极性，提高他们的意识和责任感，从而可以期待产品的质量得以保持并提高。而且，细胞式生产在生产线工序内加入了夹具工具和设备等，能够与作业人员的能力互相配合，保证质量。特别是在多品种少量或变种变量生产时，有利于人的能力得到充分发挥。

提高成效的方法

必须通过操作训练提高员工的操作技能，把他们培养成技能熟练的作业人员。不仅要培养装配方面的能力，还要提高他们在检验质量异常问题方面的能力。当进行少量产品生产时，要考虑导入简易检测仪器；当进行大量产品生产时，要考虑在可承受的投资范围内导入自动检测仪器。

为获得更好的效果而应注意的要点

在试制阶段、启动的初期阶段，或在难度较高的生产线，特别是在容易出现不良品的生产线上，要投入熟练的作业人员。而且应该同时完善作业指导书与操作指南的内容。

应该尽量使用专用工具和简易检测仪器来保证质量，而不是使用通用工具或通用检测仪器。

应该通过有计划的培训提高作业人员的技能。与此同时，建立一个听取熟练作业人员的意见并推行改进的机制也是非常重要的。

同时还应该建立这样一个机制：当工序发生异常时，能够马上停止生产线运转，并通知生产线的管理人员。在明确处理措施的同时，成立由部门顾问进行支持帮助的体制也非常重要。

2-17 细胞式生产的优点（5）
提高作业人员的工作动力

▶通过细胞式生产提高作业人员的工作动力

优点

在细胞式生产中，作业人员会感受到领导和周围人对自己的期待，因此更能使能力高的作业人员鼓足干劲。而且，作业人员会产生"这是属于自己的生产线"的意识，从而会更积极地提出改善意见和各种建议。细胞式生产能够大量培养这样的作业人员，从而培养出生产线的核心人物。

提高成效的方法

在单人生产方式的生产线上，让作业人员在生产一件产品时从头到尾完成整个流程，或者在分割方式的生产线上实行轮班制，通过这些方式提高作业人员的多能化。为此，应该进行计划性的多能化教育，加强作业人员的干劲和责任感。同时，要营造一个作业人员可以自主成长的环境。

为获得更好的效果而应注意的要点

必须营造出一个作业人员能够坚持不懈地进行日常性改

> **优点**
> ● 感受到大家对自己的期待，能力高的作业人员的工作积极性会提高
> ● 认识到这是属于自己的生产线，有利于积极提出改善意见和各种提议

方法

在单人生产方式的生产线上，让作业人员从第一道工序到最终检验，完整地生产一件产品
在分割方式的生产线上，通过采用轮班制培养作业人员的多能化

有计划地开展多能化培训，激发作业人员的干劲和责任感

> **实施时的要点**
> ● 让作业人员坚持进行日常性的改进活动；让部门顾问提供支持帮助；通过迅速落实小的改善提议和改进活动，让作业人员得到进一步的成长
> ● 为维持并提高作业人员的工作动力，导入发奖、提拔等奖励制度 例如奖励创意提议制度、授予"先进工作者"称号制度等

图 2-11　如何提高作业人员的工作能力

进活动的环境。部门顾问应该提供支持帮助，让小的改善提议尽可能地迅速落实。如果改进效果好，将有利于更进一步的改进提议，作业人员在此过程中不断成长，从而发展成未来的领导者。而且，必须建立一个评价成果的机制。如果没有这样的机制，就无法维持并提高员工的工作积极性。为此，必须导入嘉奖或提高待遇等奖励机制，从而让作业人员也能

切实感受到企业对自己的认可。

2-18　细胞式生产的缺点

细胞式生产可以简化设备、发挥人的能力，相应地，其缺点也主要是人为因素。

▶——应对变化方面
缺点

由于作业范围的扩大，所以让作业人员熟练掌握技能、成为多能工的话，需要花费大量时间。而且，国外工厂作业人员的流动性大，不适合设置单人生产方式的生产线。作业人员的缺勤、辞职等问题将直接给生产带来影响。

克服措施

有计划地去培养熟练的作业人员。如果不熟练的作业人员较多，应该采用分割方式，通过分工提高员工的技能。

▶——提高生产率方面
缺点

作业人员在能力上的差异就等于生产率上的差距。如果多能化的技能不够娴熟，那么需要花相当长的时间才能提高生产率。

当增加新的生产线时，设备和夹具工具的数量需要与作

业人员的数量相对应，所以如果采取单人生产方式，将很难
进行高额设备的投资。

克服措施

要明确作业人员的技能，并实施提高技能的措施，同时
建立作业人员培训体系，缩短其熟练掌握的时间。同时还要
明确标准化作业，完善作业标准书和操作指南等。

生产线应该在各种工具上做出改进，努力减轻作业人员
的负担。要持续不断地推行设备的简易化。

▶——削减库存方面

缺点

采用单人生产方式时，由于需要解决工时上出现的零头，
所以有可能会进行不必要的生产。

克服措施

认真严格进行工时管理。

▶——提高质量方面

缺点

很多情况下，作业人员在能力上的差异造成了质量上的
差异。而且，可能会因为没有正确理解操作方法而不断生产
出不良品。

克服措施

在夹具和工具上做改进，以避免员工在技能上出现差距，

同时采取防错措施或使用核对表以防止产生不良品。

►——提高作业人员的工作动力方面

缺点

把周围的期待看作压力的人，不适合被安排到细胞式生产方式中。而且，如果没有评估或待遇制度，很难长期坚持改进活动。

采取单人生产方式时，团队意识薄弱，传授技能的速度缓慢。

克服措施

当产生不良品时，不要把责任推给个人，应该看作是对机制做出改良的机会，并加以说明。而且，要施行维持并提高员工工作动力的制度。以 QC 活动等小组活动的形式，定期举行提高团队意识的活动。

2-19 从生产管理角度看细胞式生产（1）
生产的管理指标

在本小节，向各位读者介绍运行细胞式生产线时必须掌握的几个基本的生产管理指标。

利润

利润=销售收入−（生产成本+一般管理费+销售费）

在市场决定售价的今天，为了获取利润，必须在生产现场开展降低生产成本的活动。

生产成本

决定生产成本的因素如下：

①劳务费	②设备费	③能源费
④辅料费	⑤管理费	⑥原料零件采购费

针对以上各项因素，应通过改善产品的生产方法开展削减成本的活动，从而降低生产成本。例如，对于原料零件采购费，可以通过提高成品率或更换材质等方法降低成本。

生产率

$$生产率 = \frac{产出量（输出）}{投入量（输入）} = \frac{生产活动的成果}{各种资源使用量}$$

产出量包括金额、数量、附加价值等。

例如：

①在人力方面，

$$劳动生产率 = 生产量（金额）÷劳动投入量（人员或工时）$$

②在原料方面，

$$原材料生产率 = 生产量（金额）÷材料投入量（金额）$$

③在设备方面，

$$设备生产率 = 生产量（金额）÷设备投入量$$

消耗率

消耗率是生产率的倒数。

$$消耗率 = \frac{1}{生产率} = \frac{投入量}{产出量}$$

059

产出量仅使用生产数量。在此必须理解一点，即"消耗率乘以生产数量，可以得出必需的资源使用量"。因此，通过完善消耗率表，就可以根据每月的生产数量计算出必需工时等数据。

其他

操作度＝实际产量÷标准产量

不良率＝不良数÷生产产品数

附加价值生产率＝附加价值÷劳动投入量

2-20　从生产管理角度看细胞式生产（2）推动与拉动

当产品需要经过多道工序生产时，大致上有两种生产指示方法。

▶──推动型生产指示方法

推动（PUSH）型生产，也叫做推进式生产，或计划生产，采用前道工序把物品派送给后道工序的方法。

生产计划由公司统一制定。通过需求预测制定生产计划，并根据该计划向材料零件筹集部门及生产部门发送信息。公司应针对工时的负荷计划及生产计划与实际情况之间的差异，做好进度管理工作，这是此项活动的重点。

推动型生产指示方法基本不持有库存，所以当由于故障、

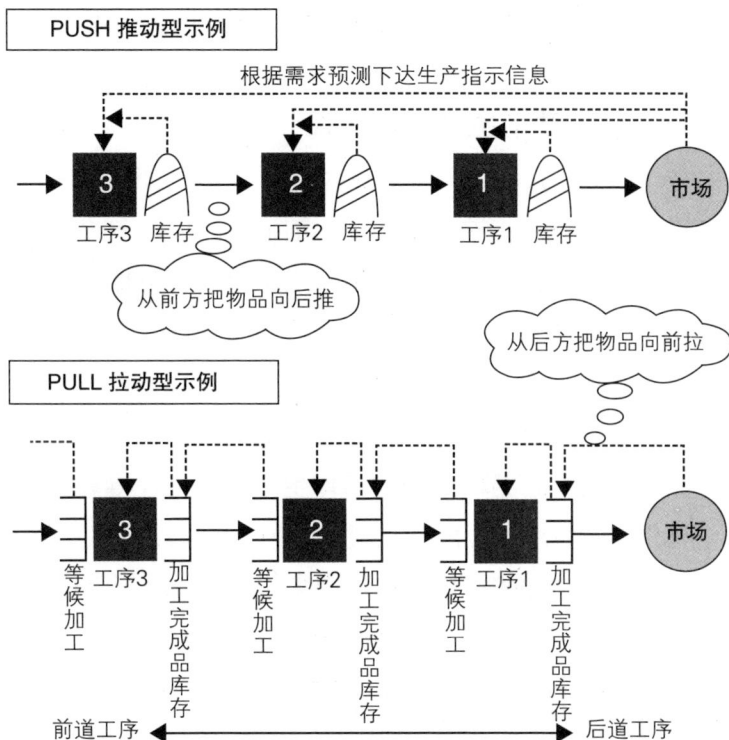

PUSH 推动型示例

根据需求预测下达生产指示信息

工序3 库存　工序2 库存　工序1 库存　市场

从前方把物品向后推

从后方把物品向前拉

PULL 拉动型示例

等候加工　工序3　加工完成品库存　等候加工　工序2　加工完成品库存　等候加工　工序1　加工完成品库存　市场

前道工序　　　　　　　　　　　后道工序

图2-12　生产指示方法

【一句话专栏】条条大路通罗马

　　推动方式和拉动方式哪一种更好？由于生产的产品和各种条件的不同，所以不能一概而论。推荐拉动方式的人，认为推动方式容易产生不良品，很难按照计划行事。而另一方面，也有人说拉动方式会增加中间库存，产生浪费。实际上，由于牛鞭效应（鞭梢部分振动得最大），后道工序的小波动（小变动）有可能会成为前道工序的大波动（较大的变动），所以要有一定的库存。因此，在丰田生产方式中，强调"不要把消息放给前道工序"。不管怎样，以上两种生产指示方法的目标都是实现没有浪费的生产。

不良品而导致生产不出所需数量时，或者需求发生变动时，将给后道工序带来影响。由此有可能会导致生产过剩。

►——拉动型生产指示方式

拉动(PULL)型生产也叫做拉动式生产。即后道工序向前道工序领取物品，被领走多少，前道工序就生产多少。反复进行这一行为，直到延伸到第一道工序，就形成了生产连锁(chain)。在丰田生产方式中，作为传递拉动信息的手段，使用"KANBAN"下达生产指示。

为了进行每日的均衡化生产，根据月度、旬度、每周计划计算出每天不同品种产品的平均生产数量，并将其作为共有信息分享到各个单位部门(包括供应商在内)。根据这些信息，制定人员编排或安排加班、周末出勤等基本计划。由于每天实际的生产指示所产生的变动量是以微调解决的，所以当需求变动较大时，最终工序会持有大量的库存。

2-21 从生产管理角度看细胞式生产（3）
PQ 分析法

►基本思路

纵轴表示生产数量(Quantity)，横轴表示产品种类(Products)，由此组成的图叫做 PQ 图(或 PQ 分析法)。

PQ 分析按照生产率由多到少的顺序排列产品种类并分组归类。首先，按照每一种产品计算其产量占全部产品生产量

PQ分析

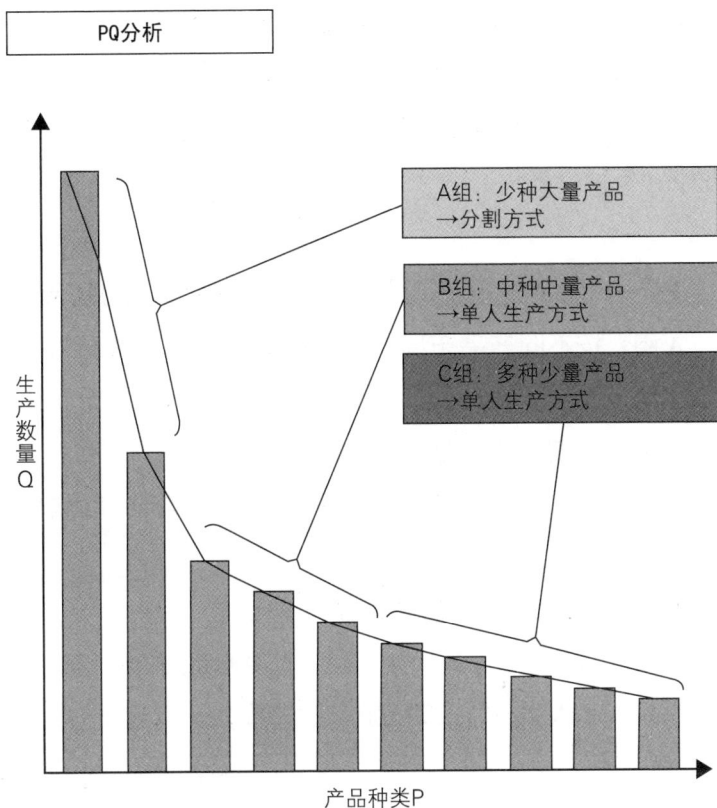

A组：少种大量产品
→分割方式

B组：中种中量产品
→单人生产方式

C组：多种少量产品
→单人生产方式

生产数量Q

产品种类P

布局时的基本类型

A组	按不同产品布局	每一种产品采用专用生产线
B组	按不同功能布局	采用机动性高的设备，实行单元生产线化
C组	按不同功能布局（产品固定配置）	同上（生产大件产品时）

图2-13　生产数量与细胞式生产的形态

的百分比，然后从上到下按顺序计算累计百分比。可以分为三个组：A 组的产品是占整体 70%~80%的种类少、产量大的产品(少种大量)；B 组的产品是占 10%~20%的种类较多、产量较大的产品(中种中量)；C 组是占 10%的种类多、产量少的产品(多种少量)。

▶——通常情况下设备配置（布局）的基础

A 组：按不同产品布局，即根据不同产品采用专用生产线，分别配置设备与员工

举例：分割方式的细胞式生产线

B 组：采取把设备集中在一处的布局，实行细胞式生产线化

举例：单人生产方式的细胞式生产线

C 组：同上。当生产大件产品时，将产品进行固定配置

举例：单人生产方式的细胞式生产线

▶——细胞式生产的导入研究

PQ 分析法用于导入细胞式生产时的研究讨论。但是，近几年来顾客兴趣爱好的多样化导致了产品数量变化剧烈。而且，原本呈"20%产品占 80%产量(20 比 80 原则)"分布的关系(如图 2-13 所示)，也随着产品种类增加、产量趋于平均化而发生了变化。所以，在参考本小节所示思路的基础上，为了在进行生产制造时能够灵活适应变化、高效生产、消除浪费，应该随时研究采取什么形态的生产线最合适。

2-22　从生产管理角度看细胞式生产（4）缓冲

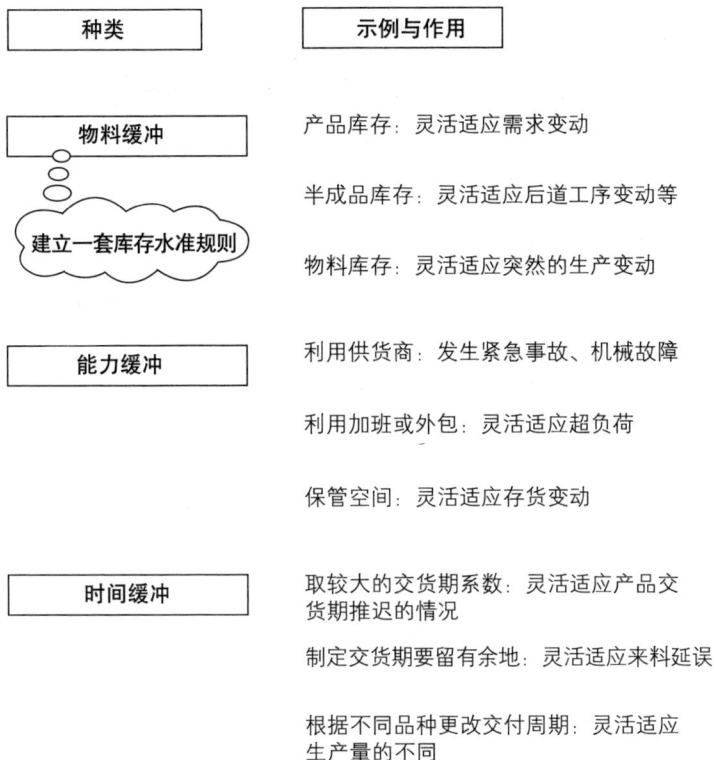

种类	示例与作用

物料缓冲

建立一套库存水准规则

产品库存：灵活适应需求变动

半成品库存：灵活适应后道工序变动等

物料库存：灵活适应突然的生产变动

能力缓冲

利用供货商：发生紧急事故、机械故障

利用加班或外包：灵活适应超负荷

保管空间：灵活适应存货变动

时间缓冲

取较大的交货期系数：灵活适应产品交货期推迟的情况

制定交货期要留有余地：灵活适应来料延误

根据不同品种更改交付周期：灵活适应生产量的不同

图2-14　缓冲具有吸收变动的功能

【一句话专栏】"安全库存"与"放心库存"

有人也把"安全库存"叫做"放心库存"。正像技术术语里有一个词叫做"安全系数"一样，根据数据制定出一套相关规则，就形成了"安全库存"。"安全"是先决概念，"能取得主观上的心情平静——放心"是随后产生的感情。所以说，"放心库存"这个词，应该是在"因为安全"，所以"放心"地持有妥当库存的思考下产生的。

在制定生产计划和实际的统一管理中，持有缓冲的种类和数量，对于灵活适应变动是非常重要的。而另一方面，不必要的缓冲从经济上考虑也是一种浪费。为灵活应对需求变动而增加适应性，和因持有缓冲而产生成本，是截然相反的两个功能。例如，如果为了在发货时避免断货而持有较多的安全库存，则会产生仓库费等费用。

有些时候，由于各道工序间的能力差异，不得不持有缓冲。在这样的情况下，一定要站在整体优化的角度看问题并加以改进。

一般认为，缓冲分为物料、能力、时间三种。

▶——物料缓冲

为了灵活适应需求变动，要规定产品库存水准，并持有库存。必须在依照数据制定规则的前提下制定安全库存并加以管理。同样，对于半成品库存和物料库存，也要制定规矩。一定不能留有不必要的库存。

▶——能力缓冲

为了迅速处理突发事故或负荷变动，可以利用加班或外包的方式。此外，为了适应发货与进货时的变动，要对作业空间留有余地。上述能力缓冲通常会降低经济性。

▶——时间缓冲

如果交货期所限定的时间不充裕，则应该在时间上留出余地。比如取较大的交货期系数（即允许晚几批交货），或在交货和生产之间留出用于推迟的交付周期。时间缓冲虽然为客户和供应商都有计划地留出了提前量，但交付周期也相应地变长了。

2-23 从生产管理角度看细胞式生产（5）交付周期

▶——交付周期的定义

交付周期是指某项作业从开始到结束的时间。通常指"接单→下达生产指示→在工厂生产→交货"之间的时间。

如果不存在反复作业，只是单纯一次性地从接受订单到策划设计，然后制成一件产品并交货的话，需要花费相当长的时间。如果是汽车或家电产品等量产商品，那么交付周期是接单、物料采集、加工、装配、检验、发货的各段交付周期的总和。当知道某段期间内该商品的必需量时，可以持有合理的库存量，以避免断货。但这仅意味着表面上的交付周期（仅包含交货阶段）很短而已。

▶——缩短交付周期

交付周期由三个部分组成：①停滞时间（信息停滞＋库

067

定义：交付周期是指从下达生产指示到实际交货之间所需要的时间

1.单价物品（非反复生产）

如果不仅仅以"加工"为对象，而是包括从设计到把产品交给顾客的时间，那么，

交付周期（LT）=需求分析（接单）LT＋产品策划LT＋设计LT＋各项生产准备LT＋加工LT＋装配LT＋产品发送LT

2.量产产品（反复生产）

如果仅以"加工"作为考虑对象，

交付周期（LT）

=接单LT＋物资采购LT＋加工LT＋装配LT＋检验LT＋发货LT

=[①停滞时间（信息停滞＋库存）]＋[②搬运时间]＋[③加工时间]

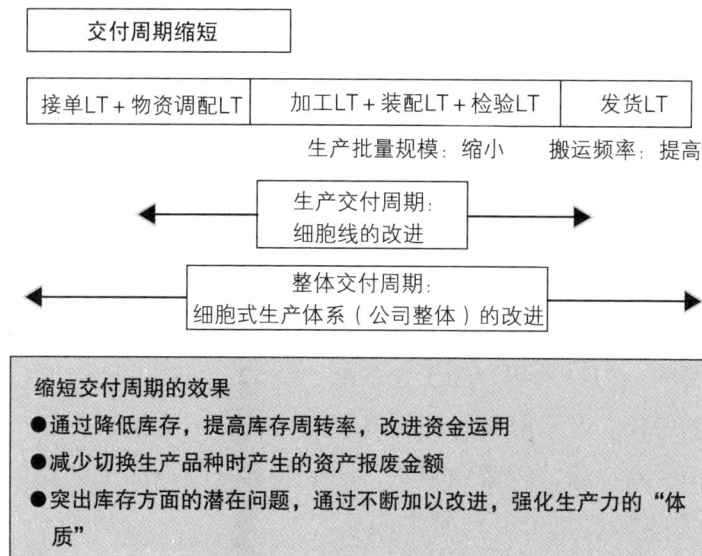

交付周期缩短			
接单LT＋物资调配LT	加工LT＋装配LT＋检验LT	发货LT

生产批量规模：缩小　　搬运频率：提高

生产交付周期：
细胞线的改进

整体交付周期：
细胞式生产体系（公司整体）的改进

缩短交付周期的效果
- 通过降低库存，提高库存周转率，改进资金运用
- 减少切换生产品种时产生的资产报废金额
- 突出库存方面的潜在问题，通过不断加以改进，强化生产力的"体质"

图2-15　缩短交付周期的效果

存）；②搬运时间；③加工时间。通常来说，停滞时间是重要

的改进因素。此外，生产交付周期(加工+装配+检验) 是细胞式生产线的改进主题。例如，可以推行缩小生产批量规模的改进活动。如果想缩短整体的交付周期，必须在全公司展开合作。

▶——缩短交付周期的效果

缩短交付周期的直接目的在于能够灵活应对市场的变化(产品种类、需求量)。交付周期越短，就越能配合接单量进行准确的生产，从而减少成品库存。虽然经常能看到一些仅以削减库存为目的的案例，但为了强化生产力的"体质"，推行缩短交付周期的措施是非常重要的。

2-24　加工细胞与装配细胞

▶——加工细胞

"加工细胞"是机械加工系统的单位。它是通过在数控机床上附设工件搬运机器，从而可以自动进行搬运、安装、卸除，并能够持续进行作业的加工系统。

搬运装置分为货盘系统和机器人系统。这些装置能处理多个工件，并具有一定程度上的判断功能。由于加工细胞能够灵活处理问题，所以也叫做 FMC(Flexible Machining Cell，柔性加工细胞)。

如图 2-16，针对各种生产设备，显示了生产率与产品批

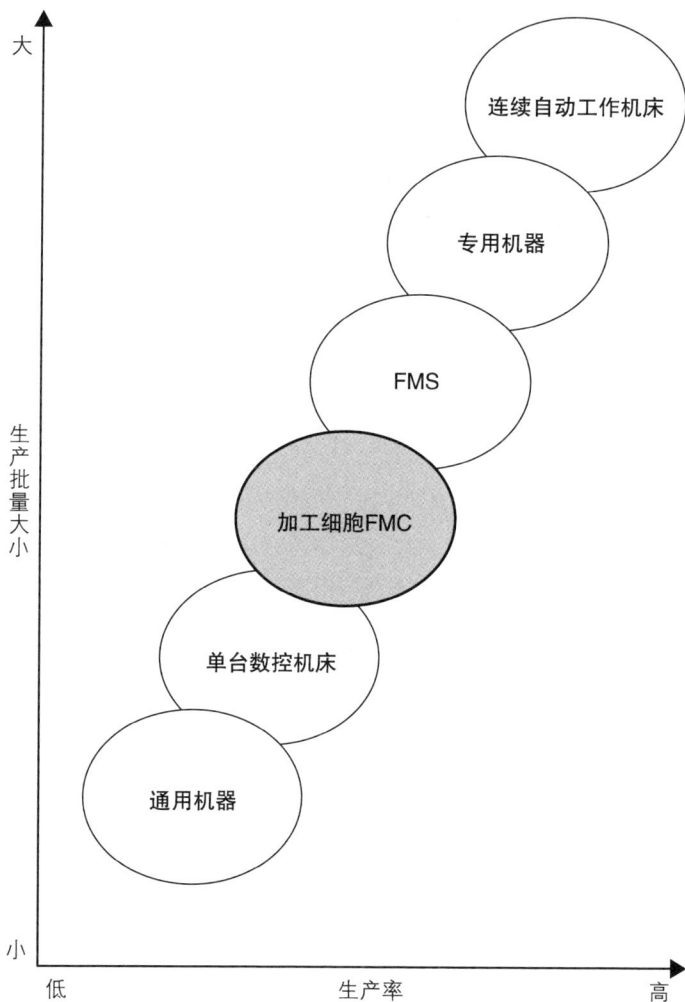

图 2-16　加工细胞 FMC 的定位

量大小之间的关系。在图中也标出了加工细胞的定位。

▶——装配细胞

事例 1：利用机器人进行细胞式生产的"机器人控制细胞式生产系统"

事例 2：在细胞式生产方式中发挥机器人作用的迷你装配工厂

一直以来，人们认为多品种少量生产很难运用机器人实现自动化，而以上事例，则试图以（自动）装配细胞的思路，使用具有灵活性、机动性的工业机器人实现自动化生产。

▶——对加工细胞和装配细胞的思考

今后，通过把单纯作业移交给成本低廉的机器人，作业的自动化将得到进一步提高。但是，加工细胞或装配细胞这类术语容易混淆人们对以人为主体的细胞式生产的理解，所以最好能区分理解。

专栏② 从词汇角度理解"细胞式生产"

本书对细胞式生产下了定义，即"……作业人员担任多项工序，……生产线性能具有自律地取决于作业人员能力的特点……"。

071

"自律"一词如果翻译成英语，什么单词或短语最合适？就这一问题，笔者曾与推行过细胞式生产的英国某企业的高层有过探讨。就结论来说，通过和他的讨论，弄清了传送装置与细胞式生产之间的不同点。

问：请告诉我"自律"一词翻译成英语是什么？在我查的辞典中，"自律"被翻译为"autonomous"或者"self control"。假如有这么一句话，"我们的生产方式具有自律性。这是因为，作业人员的能力决定了生产率或品质等生产线的能力"，在这样表述的时候，"自律性"翻译成英语的哪个词最恰当？

答：管理技术上有一个术语，叫"self empowered"，但在此处，翻译成"self regulated"更加妥当。

问：在辞典中，"他律性的"被翻译为"heteronomy-like"。那么可以用于以下表述吗？"在传送装置生产线，生产线作业人员根据一定的传送带速度，稳定地、他律地（heteronomy-like）进行生产"。

答：不，这种情况下，翻译成"externally regulated"或者"eternally governed"更恰当。

也就是说，传送装置生产线的生产速度取决于传送装置（机械），所以"他律性的"＝"externally regulated"；而细胞式生产以人为主体，所以"自律性的"＝"self regulated"，二者形成对比。"self"表示"自身"，笔者从这一用语上又一次体会到了细胞式生产以人为本的特点。

第 3 章
细胞式生产线的构建

3-1　细胞式生产线的思路

　　本章的阐释对象，是作为单个生产线的细胞式生产线(如图 3-1 所示)。尽管这一领域内有一部分内容很难与体系性的内容(将在下一章进行阐述) 区分开来，而且有些问题还必须放在体系中思考，但为了理清构建细胞式生产线的思路，笔者特意与体系(机制) 进行区分说明。

　　虽然不少企业都采用细胞式生产线，但由于每个企业所处条件的不同，其设备、机械、工序上也存在差异。而且，无论公司的规模如何，生产线都存在于全公司的体系(机制) 中。在此，诸如是拉动式还是推动式等"机制上的差异"，在构建单个的生产线上，其影响并不大。之所以这么说，是因

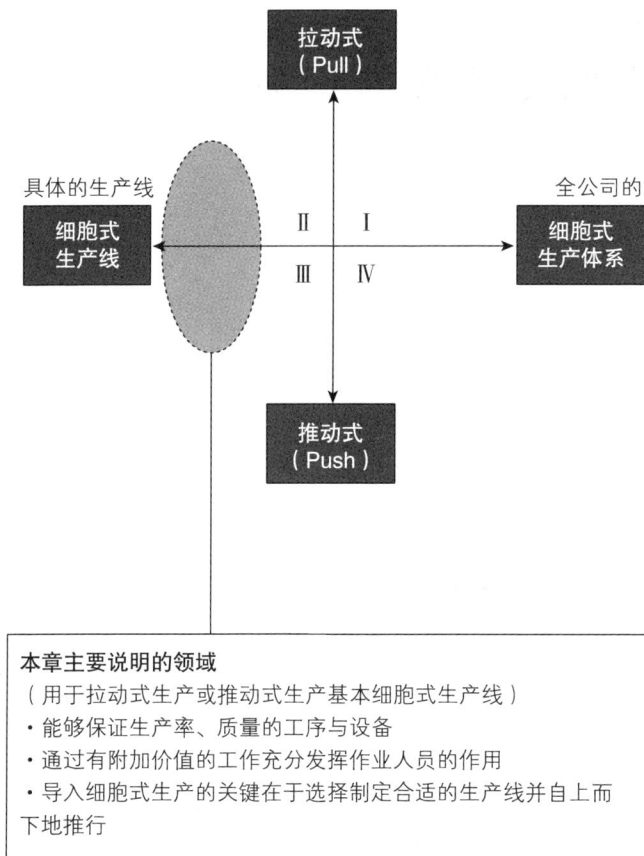

图 3-1 细胞式生产线构建的概念图

为具体到每条生产线上时，基本上要从最初的原料和零部件开始按顺序装配，所以生产指示方法(按怎样的信息进行制造)的区别没有意义。作为细胞式生产线，最重要的是在如何以更低的成本、更快的速度生产出更优质的产品上花工夫。

在细胞式生产线上，不应该单纯依靠作业人员的熟练程度去提高产品质量或生产率，最好能做到以下两点：①具有能够保证生产率、质量的工序和简易设备；②要做有附加价值的工作。通过以上做法，更有利于充分发挥作业人员的作用。

在本章中，将更偏重于硬件方面的说明。本章的说明与下一章将要阐释的丰田生产方式的基本思路——"带单人旁的'自働化（"自动化"的日文写法——编者注）'"的创意有相同之处。"丰田生产方式"的创始人大野耐一先生曾写道，"'自働化'就是赋予机械以人的智慧"。

3-2 细胞式生产线的基本组成要素

在细胞式生产线上，最好能做到以下两点：

①具备能够保证生产率和品质的工序以及简易设备；

②作业是有附加价值的工作。

在本章，将围绕以上两项基本事项进行说明。关于软件上的机制等问题，主要在下一章进行阐释。

▶工序、 设备

·简易设备（3-4，第 80 页）

·生产线布局（3-5，第 82 页）

·作业人员的行动方向（3-6，第 84 页）

·工作台（3-7，第 86 页）

075

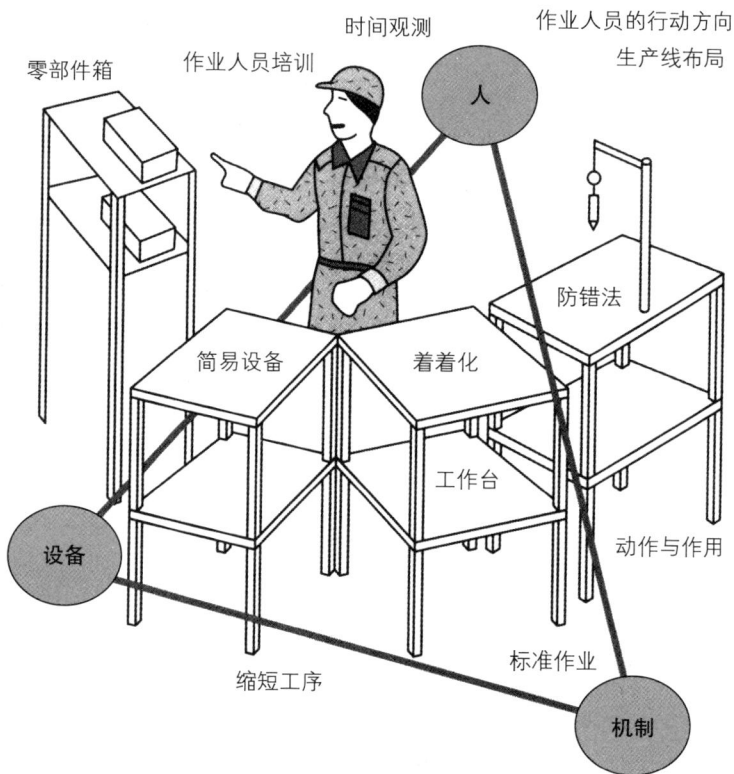

零部件箱　　　作业人员培训　　　时间观测　　　作业人员的行动方向
　　　　　　　　　　　　　　　　　　　　　　　　生产线布局

人

防错法

简易设备　　　着着化

工作台

动作与作用

设备

缩短工序　　　　　标准作业

机制

图 3-2　细胞式生产线构建的概念图

· 缩短工序(3-8，第 89 页)

· 着着化(3-9，第 91 页)

· 换模换线(3-10，第 93 页)

· 防错法(3-11，第 95 页)

· 零部件箱(3-12，第 97 页)

▶──工具等

- 物料放置场所（3-13，第 99 页）
- 物流中使用的各种工具（3-14，第 102 页）
- 辅助细胞式生产的系统（3-15，第 104 页）

▶──作业人员

- 动作与工作的区别（3-16，第 106 页）
- 什么是标准作业（3-17，第 109 页）
- 制定标准作业①"各工序能力表"（3-18，第 111 页）
- 制定标准作业②"标准作业组合书"（3-19，第 113 页）
- 制定标准作业③"标准作业书"（3-20，第 115 页）
- 制定标准作业④"作业指导书"（3-21，第 118 页）
- 作业人员培训（3-22，第 120 页）
- 时间观测（3-23，第 122 页）

3-3　细胞式生产线的推行方法

在构建细胞式生产线时，根据公司所具备的条件的不同，可以有各式各样的推行方法。话虽如此，但最好能够描绘出自己公司的细胞式生产的理想形态，在规划好推行步骤后扎扎实实地推进 PDCA 循环。

事前还是事后

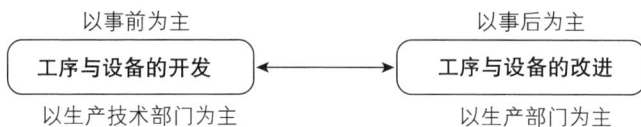

以事前为主   以事后为主

| 工序与设备的开发 | ←→ | 工序与设备的改进 |

以生产技术部门为主   以生产部门为主

着眼点

	反复完善质量的技术（Q） · 自働化生产线 · 专用生产线	低成本生产的技术（C） · 提高生产率 · 简易设备	小批量生产的技术（D） · 混流生产 · 削减库存（半成品、产品） · 削减空间	安全与环保
人员	标准作业 充分发挥人力资源（作业人员）的作用	标准作业	标准作业	第 一 位
物品	防错法避免生产出不良产品	原料成品率	"一个流" 小批量化	
资金	能够消除浪费	能以低成本的设备快速生产	缩短交付周期	

图 3-3 构建细胞式生产线时的注意事项

▶——细胞式生产线的几个分析项目

细胞式生产的作用形态(基本形状、人员、大小等)、工序(产品的流动方式、制造方法)、设备及物流等机制。

▶──应该考虑的事项

(1) 对工序、设备的事前研究

一般认为,细胞式生产是灵活运用简易自动化、低成本自动化(Low Cost Automation,简称 LCA)的方法。即试图在不依靠自动化的情况下,以低成本迅速构建工序与设备。因此,如果只着眼于在生产现场实行改进,而对工序和设备粗制滥造,那么事后反而会很难消除浪费。生产技术部门和生产部门必须携手调动全部的智慧。

(2) 反复提高完善 QCD

设备和工序的目标应该是反复提高与完善质量、降低成本和缩短交货期。关于设备,将采用下一章所述的"带单人旁的'自働化'"的简易设备。要在工序中反复提高与完善质量。要朝着构建这样一条优质生产线的方向努力:它利用简略化的设备和工序,不依靠设备投资,不但能低成本高速度地进行生产,还能分解再利用,具有很高的机动性。生产线的工序、设备和机制是各种基本要素组合而成的。从下一小节开始,将以基本的组成要素为中心展开说明。此外有一点无须赘述,即必须把安全放在第一位。

079

3-4 工序、设备（1）
简易设备

基本思路

- 通过工序和设备的反复提高，完善质量

- 重视物料流转

- 避免事故隐患

- 投资时考虑产品的品种、生产量、寿命

- 设备导入者要与生产车间进行良好沟通

基本设计规格	从作业人员角度出发的规格
・精简设备、 　节省空间、 　容易移动（小开口工作台） ・易于适应模型变更、设计变更 ・无需维修 ・缩短设备加工周期时间 ・同时重视安全以及车间环境	・工序和设备能减少员工数量 ・不是一座"孤岛" ・不是一大批，而是"一个流" ・从固定位置取出单件 ・统一机械的高度 ・着着化设备（工件自动弹出） ・一次触碰型开关 ・检测异常、特定位置停止系统、 　防错法 ・快速换模换线

（参考）A公司对"机关"的定义
- "不使用动力"，以"凸轮连杆机构"运转 ⎫
- 用"一个动作"完成"多项工作" ⎬
- 不使用促动器，实现空间最小化 ⎭

图3-4 构建设备的思路

一般认为，细胞式生产是灵活运用了简易自动化与低成本自动化（Low Cost Automation，简称 LCA）的方法。

▶ ——构建设备的思路

本小节将对工序、设备的一般性思路及规格进行整理归纳。

设备按照简易自动化→自动化→无人化的顺序越来越高级，价格也随之变高，但在有限条件下的细胞式生产中，如何低成本、高速度地构建出具有机动性的设备才是重点。

基本观点

要靠工序、设备反复提高与完善质量，重视物料的流转。

基本设计规格

设计的目标是建成具有机动性（设备精简、节省空间等）、灵活应对变化的设备。

从作业人员的角度出发看规格

以"一个流"为基础设计出的设备比较理想，因为既可以反复提高、完善产品质量，又对作业人员而言较为人性化。

▶ ——机关

作为简易设备，有一些夹具、工具利用了凸轮等具有简单原理的机关。"机关"在日本辞典上解释为用线绳或简单的装置进行操作(的东西)，比如日本的"机关娃娃"就非常有名。由于这些机关可以构建手工的设备与工序，所以非常适合细胞式生产。利用机关进行工作现场的改进活动时，由于以开动脑筋、节约成本为主旨，所以效果非常好。

3-5 工序、设备（2）
生产线布局

生产线形状和生产线布局(配置)的基本思路，最好是以物料流动为中心进行设计。原则上应以"一个流"为前提考虑物料的流动。

►——生产线形状

思考单个的细胞式生产线的形状时，只要围绕着物料流动和作业人员，配合目的去设计即可。但生产线的结构原则上要设计成物料不回头、朝单方向流动的形状。虽然在二字型生产线或存在来自子线的分支等情况时，生产线形状有可能会变得复杂，但即便如此，最好也能够统一地考虑入口和出口，让物料流动实现标准化。U字型生产线因为入口和出口相同，所以具有作业人员步行移动距离短的优点。但考虑到工厂整体的物流，有的时候最好采取直线型生产线。在下一章将为读者们说明细胞式生产体系的思路，在设计各个细胞式生产线时，一个着眼于工厂大局的物流是非常重要的。

生产线内的物料流动

直线型

装配
工作台

零部件料箱

产品箱

（作业人员）

U字型

零部件补充　产品回收

零部件补充与产品回收

单方向

产品领取

过道

过道

零部件补充

双方向

产品领取

过道

零部件补充

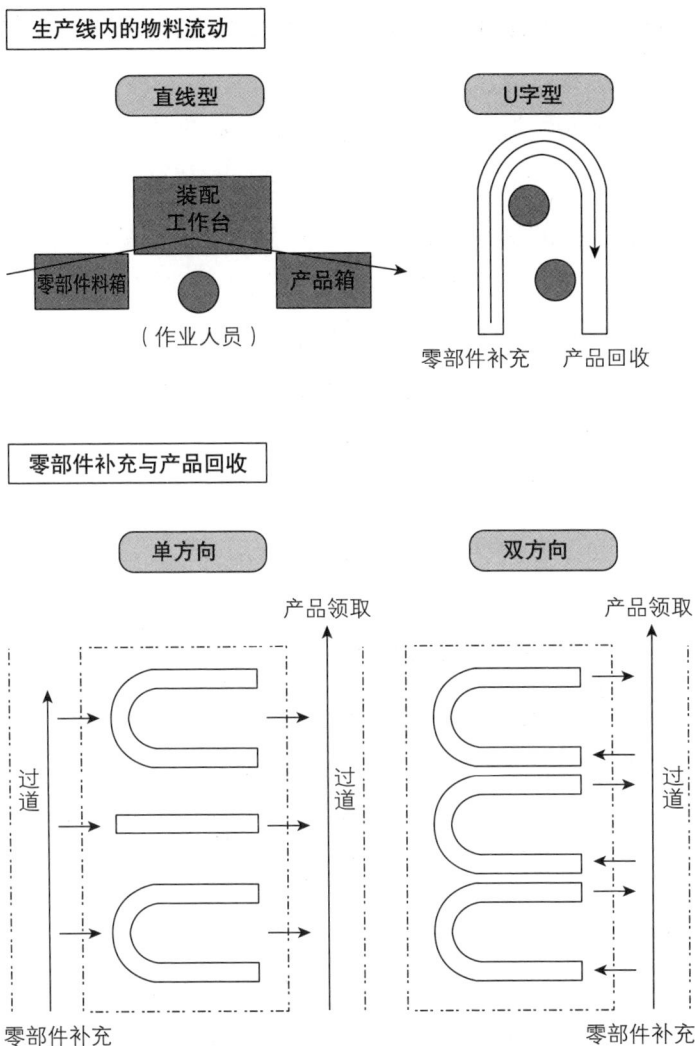

图 3-5　生产线布局和物料流动的基础

▶ ——考虑到零部件补充与产品回收的生产线布局

虽然专职物流作业人员和生产线外辅助作业人员的有无会导致生产条件有所不同，但细胞式生产线的零部件补充和产品回收方法的基本形态均如图3-5所示。向细胞式生产线提供零部件、从生产线回收产品，都要从工厂整体环境出发。虽然有些细胞式生产的形态让作业人员负责搬运，但从细胞式生产线作业人员的标准作业的角度考虑，应该尽量让不同的作业人员分别负责生产和搬运作业，以明确分工。因此，为了让补充零部件和回收产品更容易，应该按照零部件、装配、产品的功能来思考细胞式生产线的布局。

3-6 工序、设备（3）
作业人员的行动方向

在本小节，将说明操作时伴随着步行移动的作业人员的动作，以及此时应如何对待物料的流动。

制造线上物料的流动方向究竟应该向右转（顺时针方向）还是向左转（逆时针方向），不能一概而论。这么说是因为根据条件的不同，其各有优劣。根据生产线实际所处条件的不同，有利的方向也将发生改变。但是考虑到作业人员熟练掌握的程度问题以及为了方便设备的再利用，最好提前对物料流动的方向和作业人员的行动方向进行统一规定。因为曾出

物料的流动 ◀━━━━━━━━━━━━━━━━━━━━━━

作业人员的动作 ◀━━━━━━━━━━━━━━━━━━●

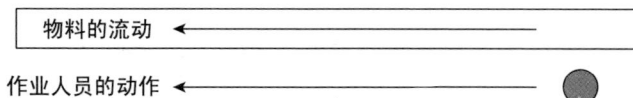

（前提条件举例）

· 物料与人：物料和人的流动方向应相同

· 作业：双手作业

· 作业：螺丝刀等工具用右手操作

· 启动：有开启开关的作用

　开关应安装在作业人员前进方向的身后

· 物料的大小：作业人员能够单手持有的大小

（设定条件）

惯用手	右手	左手
有无自动排出	有	无
有无夹具作业或悬空作业	有	无

此时，有利的方向是逆时针方向

图 3-6　决定作业人员工作方向的条件

现过这样的状况：在日本国内的事业部和各个工厂本来已经
统一好了，但是一到国外工厂进行设置时，相邻两个生产线
的作业人员的行动方向不一样，结果不得不重新进行统一。
如果出现这种情况，将会给作业人员的多能化训练带来不利影响。

▶ ——应注意的事项

·应该制定标准，在全工厂统一物料流动的方向和作业人员的动作。

·要把启动开关同时安装在设备的左右两边。

·根据手动作业和自动化程度的不同，有利的方向也会不同。

（夹具装卸手动作业/着着化作业/零部件自动补充、自动加工生产线）

▶ ——作业人员的动作

工序和设备必须考虑到作业人员的动作，图3-6提示了几个必须考虑的前提事项。原则上，作业应双手进行，工具用右手操作。关于设定条件，惯用的手一般来说是右手，但应根据有无自动排出以及作业的性质来决定有利的方向。如果没有自动排出并存在物料的取放，那么有可能会发生作业人员的返工作业。

3-7 工序、 设备 （4）
工作台

在思考作业人员的动作时，有一种思路叫做动作经济原

动作区域概念图

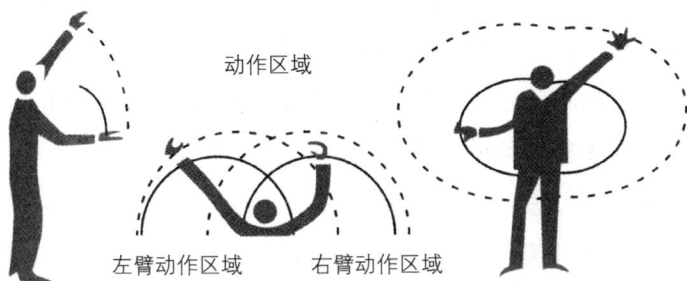

动作区域

左臂动作区域　　右臂动作区域

作业高度示例

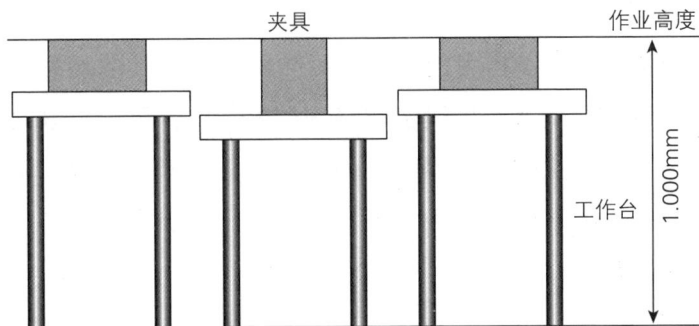

夹具　　　　　　　　　　　作业高度

工作台

1.000mm

图 3-7　工作台上的作业

则，它阐释了使用身体部位、布局及设备、工具及器具时的
相关原则。图 3-7 提示了作业人员的动作区域，也就是说，
作业时的基本原则是消除不自然的动作。

087

工作台的高度

在设计工作台的高度时，作业点的位置非常重要。按经验来说，操作夹具等设备时的高度最好在肚脐的位置。即把肘关节放在身体两侧后弯曲 90°左右的位置。假如把这一高度算作 1000mm 的话，那么工作台的高度应该在800~900mm。

需要步行移动的作业

在全工厂设定工作台高度的统一标准是非常重要的。关键在于让作业高度不发生变动。即使工作台固定，也不能因为各种夹具的高矮差异而让作业高度发生变动。如此看来，如果把日本的工作台拿到外国的话，很有可能因为员工身高的差异而导致高度不合适。所以对于能够调节高度的作业台，在尺寸上也应该留出余地。

地板

如果由于设备自身的关系而导致其距离地板的高度怎么也无法调低，或者要把设备转移到国外工厂，那么可以对地板进行加高。比如可以铺设板条式的踏板，但如果做得不结实，行走时脚下晃来晃去，则容易让作业人员产生疲劳。橡胶垫子也是同样的道理。设置后必须能让作业人员走起来稳稳当当。

3-8 工序、设备（5）
缩短工序

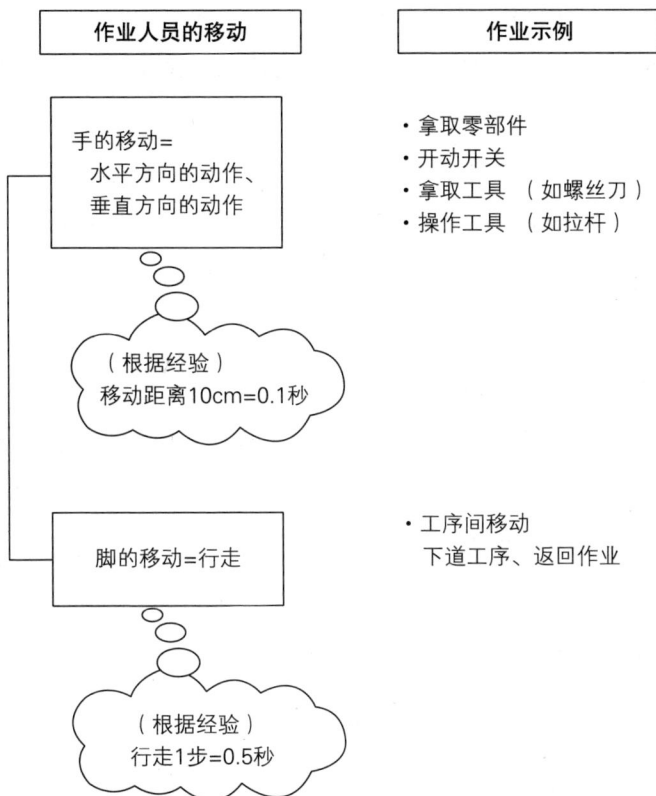

| 作业人员的移动 | 作业示例 |

手的移动＝
水平方向的动作、
垂直方向的动作

· 拿取零部件
· 开动开关
· 拿取工具（如螺丝刀）
· 操作工具（如拉杆）

（根据经验）
移动距离10cm＝0.1秒

脚的移动＝行走

· 工序间移动
下道工序、返回作业

（根据经验）
行走1步＝0.5秒

图3-8　从移动距离来思考作业人员的动作

　　在设置工序与设备时，一定要注意避免作业人员不必要的动作。原则上应该让作业轻松、易于操作。本小节将对基本的移动距离进行探讨，这是在设置设备及工序时应该最先考虑的问题。解决这一问题，从结果上有利于改进生产率，而实际上是减轻了作业人员的操作负担。

▶——手的移动

根据经验，一般认为动作距离每增加 10cm，就会多耗费大约 0.1 秒钟的时间。所以，从一开始就应该从多方面想办法减少动作距离。例如让零部件料箱离作业人员更近、调整箱子上开关的位置、调整过高的工具位置、调整拉杆的操作距离、调整夹具的表面形状等。以上措施也被称为"手边化"。

▶——步行移动=行走

按照一般经验，每行走 1 步约花费 0.5 秒钟的时间。所以在后文阐述标准作业中的步行移动时，将采用此数值。还有一种说法是白走 2 步就浪费了 1 秒。

▶——缩短工序间的距离

有很多案例显示：把传送装置生产线变更为细胞式生产线后，生产线的长度缩短了。由于传送装置是固定不动的，所以存在难以缩短距离、必须持有不必要的中间库存等弊害。有的人取日语中"认真"的谐音，把这一行为叫做"缩短间距"【日语中，"认真"（【真面目】，majime）和"缩短间距"（【間締め】，majime）同音——译者注】，所以可以半开玩笑地说："如果不认真，间距就缩短不下来。"可以通过这样的方式，提醒自己缩短工序间的距离和各机械间的间隔。

3-9 工序、设备（6）
着着化

着着化作业示例

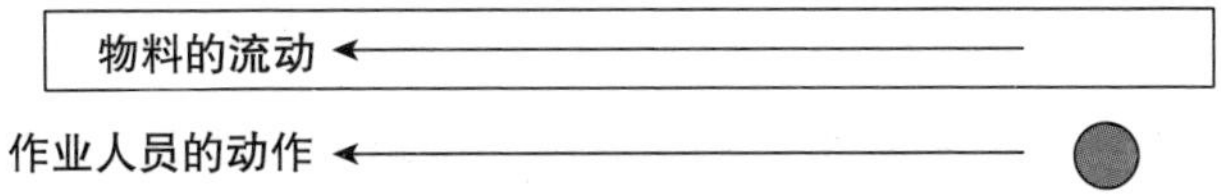

物料的流动 ◄━━━━━━━━━━━━━━━━━━━━━

作业人员的动作 ◄━━━━━━━━━━━━━━━━━ ●

①夹具装卸作业	②着着化作业生产线	③自动加工生产线
取下物品，暂时放置	╳	╳
把零件1安装在夹具上	←	←
取出零件2	←	╳
装配在零件1上	←	╳
启动开关	←	←
拿取暂置物品，送往下一道工序	取出前面的排出物品，送往下一道工序	╳

此后，物品被加工后再被自动排出

构建着着化设备的要点

┌ 启动 ： 单触式开关
├ 卸除 ： 自动弹出装置
└ 送往下一道工序 ： 滑道

图 3-9 着着化的思路

在 3-6（第 84 页）中曾阐释过，根据手动作业和自动化的程度不同，作业者的动作有不同的有利方向。其中，手动作业的程度大体可以分为三个阶段：①夹具装卸手动作业；②着着化作业；③自动加工生产线。本小节将对②进行说明。

▶──着着化作业示例

通常，使用夹具的作业为"着"（日语中的"着"是"安装"的意思——译者注）和"脱"（日语的"脱"是"卸下"的意思——译者注）的反复作业。所以与"着脱"（即装卸——译者注）相对，"着着"作业生产线与在自动加工线上的"着着"相同，通过"自动弹出"省去"脱"（卸下），变成只反复进行"着"（安装）的作业。在中国，人们把组成这一生产线的设备译做"着着化设备"，把这些活动译做"着着化"。

作业人员启动开关后，加工过的物品自动排出，无需进行卸除作业。只需把排出的物品运到下一道工序即可。

▶──着着化设备的要点

构建着着化设备时，大致需要具备以下三要素。

启动：单触式开关

作业人员在向下一道工序移动的一系列动作过程中开启开关。由于要一边行走一边开启，所以也有人称其为"边走边开"。为了作业人员的安全，设计时应该和安全措施相配套。

卸除：自动弹出装置

以低成本的方法制造弹出装置，把工件从夹具上提起来，移动到既定的位置和方向。此外，夹具要通过防错法防止故障的发生。

送往下一道工序：滑槽

如果有需要，应该设置一个滑槽，把工件送往下一道工序。

3-10 工序、设备（7）
换模换线

换模换线也叫做"调度"或"转产"。换模换线是指由于切换产品品种而发生的标准作业之外的作业。具体包括设备上的①交换模具、②交换夹具、③交换刃具、④换涂料、⑤换零部件料箱、⑥切换品种开关等。

上述换模换线行为会花费一定的时间。在多品种少量生产中，换模换线时间作为附带时间会有所增加，导致机械运转时间减少，降低运转率。

关于换模换线，不少人都有这样的体会：如果能在设计阶段及工序设计阶段就把它考虑在内的话，就较为方便；而一旦进入量产阶段，就很难再更改。下面将阐述改进换模换线的思路。作为改进步骤，在生产准备阶段就应该尽可能地考虑到换模换线的问题。

093

换模换线作业	设备	・交换模具 ・交换夹具 ・交换刃具 ・换涂料 等
	其他	・交换零部件料箱 ・切换开关 等

改进换模换线

无换模换线	・变更设计 ・变更施工方法 （要点） ①使用共通的零部件　②共用设备与夹具

由内部换模换线转为 外部换模换线	研究是否能够 从内部换模换线（必须停止设备才能完成） 转为外部换模换线（不必停止设备就能完成）

缩短内部换模换线时间	（改进步骤） 1.掌握现状 2.找出改进的着眼点 3.制定改进措施 4.实行作业的标准化

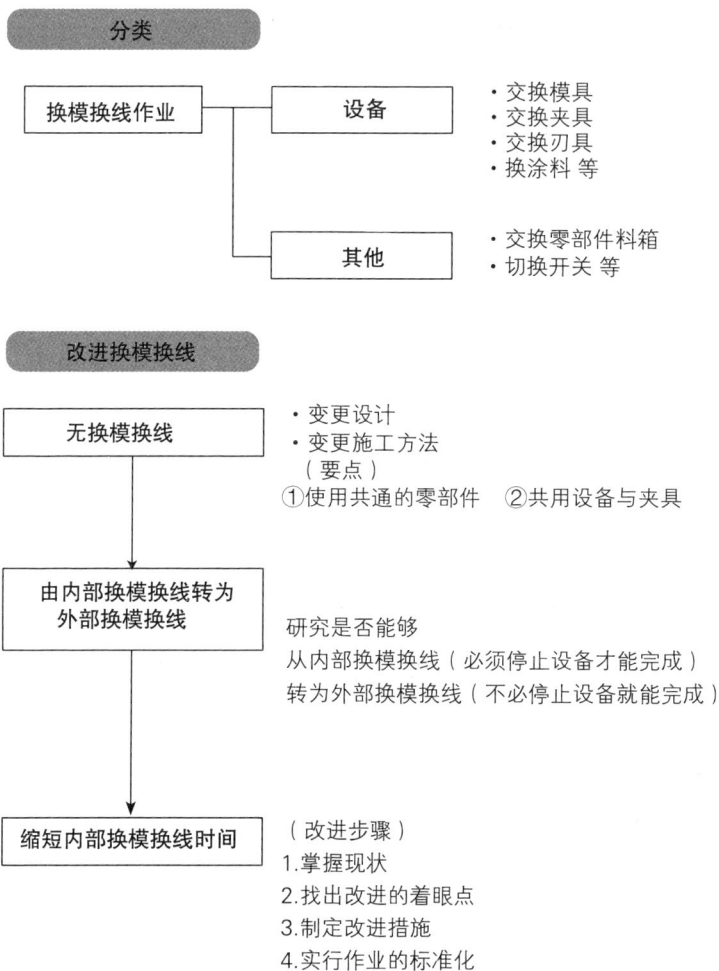

图 3-10　换模换线作业的分类与改进

　　首先，最理想的是无换模换线。通过更改设计或更改工序来消除换模换线。

　　其次，是把"内部换模换线"转变成"外部换模换线"。修

正必须停止作业才能进行的内部换模换线，研究是否能将其
转变为不用停止作业就能进行的外部换模换线。如果能进行
外部换模换线，就能借助生产线之外的作业人员的辅助，让
装配作业更加顺畅地进行。

最后，是缩短内部换模换线的时间。对于已经成型的生
产线，在进行现场改进时，通过从把握现状到实现标准化之
间的改进步骤，缩短换模换线的时间。

实施换模换线的改进可以依照上述思路。希望读者们在
设置工序与设备时，多多参考各类书籍中介绍的改良案例。

3-11　工序、设备（8）
防错法

在制造现场，为了提高顾客满意度，应该把杜绝不良品
的活动以及安全管理措施作为日常活动加以实施。

▶──防错法的含义

人由于粗心或疏忽大意而犯的错误叫做"人为错误"。通
过各种设备或装置等避免这些错误的措施叫做防错法。在工
序中反复提高和完善产品质量时，防错法得到了广泛的应用。
防错法的音译"POKAYOKE"已经成了一个英文词汇，还有一
种叫法是 FP（Fool Proof）。

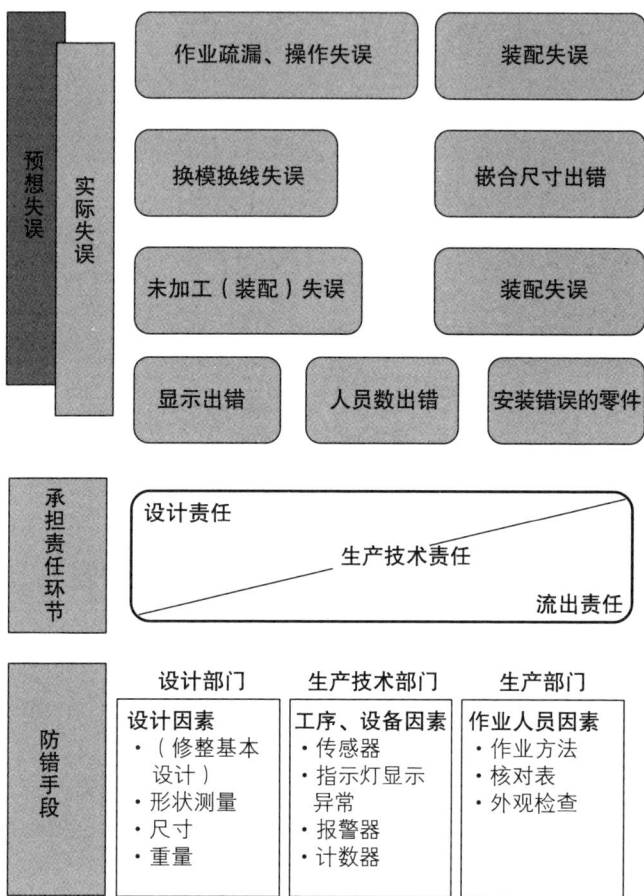

预想失误	实际失误		
		作业疏漏、操作失误	装配失误
		换模换线失误	嵌合尺寸出错
		未加工（装配）失误	装配失误
		显示出错　人员数出错	安装错误的零件

承担责任环节

设计责任
生产技术责任
流出责任

防错手段

设计部门	生产技术部门	生产部门
设计因素	**工序、设备因素**	**作业人员因素**
· （修整基本设计）	· 传感器	· 作业方法
· 形状测量	· 指示灯显示异常	· 核对表
· 尺寸	· 报警器	· 外观检查
· 重量	· 计数器	

图 3-11　防错法关联网

► ——实际错误、 预想错误及防错手段

（1）在构建细胞式生产线时，一定要设想由于人为错误可能会造成的问题(出现不良品、安全管理上的疏忽、机械故障)，并将故障防患于未然。这是一项涉及范围很广的工程，包括从夹具、工具的 FP 层次到建立预测故障机制的各个层次。

（2）对于在量产阶段产生的不良品，每当出现这一问题
时，都必须认真解析其"真正原因"，采取可以成为恒久对策
的防错手段，而不要仅满足于一时之计。应该把措施随时落
实到新产品、工序以及设备上。虽然生产出不良品的责任最
终在于制造部门，但所有相关部门最好都与生产部门一起推
行防错活动。

（3）作为具体的防错法，可以采取以下方法来辅助完善
作业人员的工作：①如果作业人员在工作上有疏漏，后道工
序就无法启动；②检验出有问题的制品时，如果不进行异常
处理，就无法进行下一步作业；等等。关于防错法有各种各
样的案例，希望能够成为各位读者所在公司在设计与改良工
序、设备、夹具及工具时的参考。

3-12 工序、 设备 （9）
零部件箱

▶ ——零部件在工作台上的摆放方式

滑槽上：在滑槽上放置物料盒或只放置"种子"（指不盛盒
的零部件）。与下文介绍的放在工作台上一样，都是通过固定
位置来降低作业人员的失误。

工作台上：注意作业顺序和惯用手的问题，分类摆放盛
放零部件的盒子。

零部件在工作台上的放置方式

（1）滑槽上

（2）工作台上

（3）固定位置取出单件

对生产线的补充方式（换模换线）

（1）在滑槽上补充物料盒和只补充"种子"

（2）成套补充

（3）按顺序补充

工具（零部件滑槽）示例

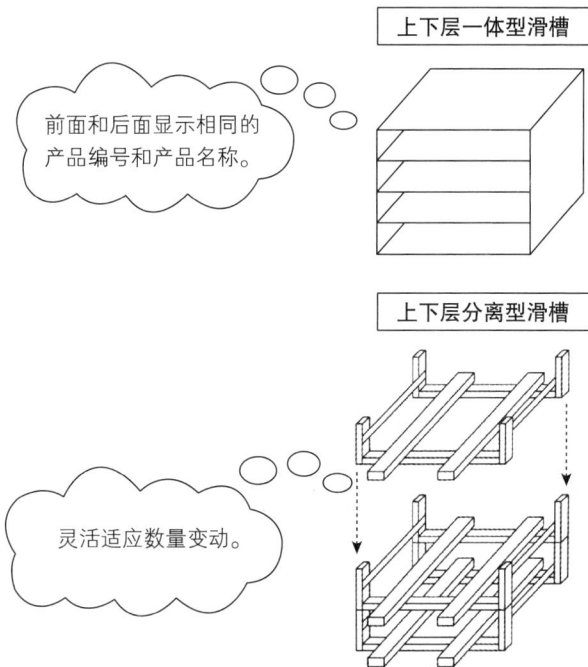

上下层一体型滑槽

前面和后面显示相同的产品编号和产品名称。

上下层分离型滑槽

灵活适应数量变动。

图 3-12　向作业人员补充零部件的方法

固定位置取出单件（每次一个）：为了方便拿取，螺丝之
类的零件每次只出一个。

▶ ——对生产线补充物料的方法（换模换线）

在滑槽上补充物料盒和只补充"种子"：无论是物料盒还
是"种子"，把所使用的全部品种或其中一部分补充到滑槽上。

成套补充：每次补充装配一件产品所需的零部件。

按顺序补充：按照装配顺序，将零部件排开进行补充。

▶ ——生产线外的作业人员

根据需要，为了补充零部件、检验质量、换模换线等，
设置生产线外的作业人员辅助装配作业人员。当安灯发出提
醒时，对零部件断档等异常状况进行处理（参考 4 - 9，145
页）。

▶ ——工具

零部件的摆放方式对于消除作业人员的浪费非常有效。
要通过与作业人员的沟通，不断进行改进。

3-13 工具类（1）
物料放置场所

在细胞式生产线上，是把零部件放置场所设在生产线之

店面（store）

投入方向

店面位置　　　1-3-1

1-3-3　　1-3-2

不要直接放在地板上
→设置台子

店面位置示例

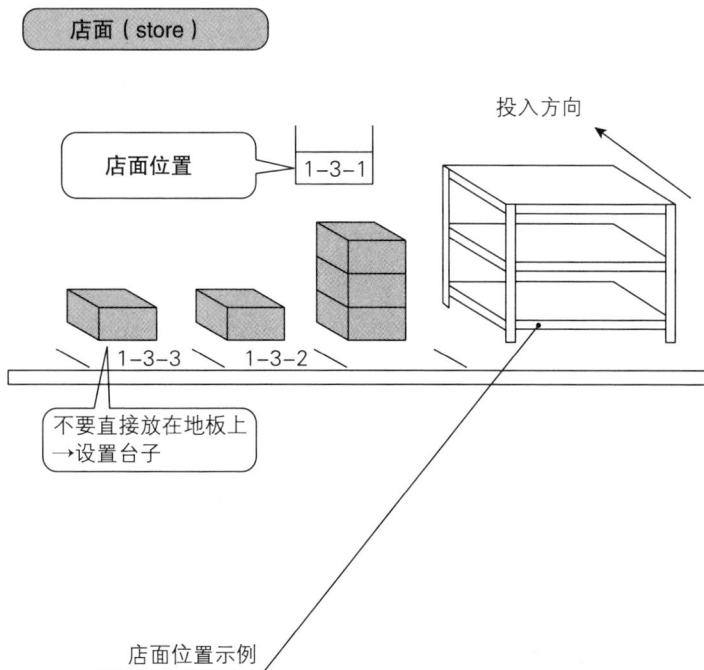

区域、街道　1-2-3		10月份	
品名　　　　单元		最大	90
产品编号　1234-567		最小	30

图3-13　如何管理店面

[一句话专栏] 这个词最好不要用
有时候，人们把高频度搬运小批量混合物料的方式叫做"水蜘蛛（方式）"(也与第4章的"搬运"相关)。这一用语同样把作业人员比作了动物，所以笔者觉得最好还是叫做"巡回搬运方式（员）"或"多次搬运方式（员）"。

外，还是直接放在生产线的周围？这根据各工厂所处的具体条件(装配的产品或零部件等) 的不同，可以是多种多样的。

在本小节，将对生产线之外的放置场所进行说明。对零部件和产品都采取同样的思路。

▶——店面 （store）

特别是当采用后工序拉动前工序的方式时，作业人员领料时必须知道放置场所。因此，把领取物料称为"来店里买东西"。于是就把这样的存放区域叫做店面(store) 并加以管理。管理物料时，就在指定了"区域"和"街道"的场所规定存放数量，并根据先进先出等规则进行管理。

▶——区域、 街道

把店面的位置表示为场所(区域、街道) 等形式。通过管理簿或一览表的方式进行管理。注意在放置时不要混淆类似物料。此外，找出易于识别的方法显得非常重要。

▶——先进先出

先进先出(First In First Out，简称 FIFO) 是指把物料按照进入该工序的顺序依次运出的规定。按照顺序，使用先到的物料进行装配或出库。否则当出现不良品时，很难追踪过往记录。先进先出在质保管理中非常重要。必须严格遵守"从物料架的某一边放入，并从另一边取出"等规定。如果放置在了地板上，就算制定一个"把后来的东西放在下面"的规定，也很难遵守。如果不遵守 FIFO，旧物料就会一直滞留在架子的最里面或者最下面。

3-14 工具类（2）
物流中使用的各种工具

在构建细胞式生产线或细胞式生产体系时，如果要制造物流等方面的工具，用精益管零件来制造是非常方便的。因为可以自主地进行简易制作，所以其应用范围非常广泛。

▶ ——精益管货架
使用由①精益管、②连接件、③脚轮等构成的标准零部件，截成合适的尺寸后进行组装。即使在国外，各家厂商的精益管好像也都基本采用了同样的尺寸。不过精益管的强度以及连接件的安装位置等与日本的不同，这点在设计上必须加以注意。

▶ ——工具必须具备的特点
· 能够自主进行简便制作。
· 能够简单地移动、摆放。
· 方便再循环利用。

▶ ——各种工具制作实例
生产线

生产线

工作台（工作桌）

工作台上的货架、滑槽

用于零部件料箱的滑槽

作业手推车（平板车）

生产线旁

放置在地上的底座

用于店面的货架、流利架

用于搬运、配送

搬运推车（滑轨、带筐推车）

AGV（无人搬运车）

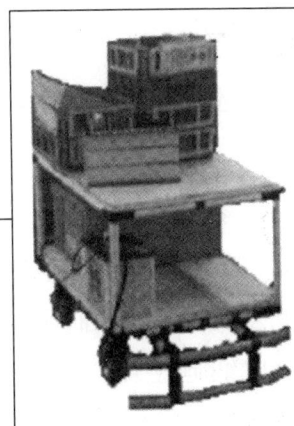

图 3-14　使用精益管制造各种工具的示例

①工作台上的货架、滑槽

②用于零部件料箱或制品箱的滑槽

③作业手推车(平板车)

生产线旁

①放置在地上的底座

②用于店面的货架、流利架

用于搬运、配送

①搬运推车(滑轨、带筐推车)

②AGV(Automated Guided Vehicle，无人搬运车)：搭载用于无人搬运的动力装置和安全装置，通过感应器探测事先定好的轨道，从而实现自动行驶。有的还装备了物料补充和移载装置。

3-15　工具类（3）
辅助细胞式生产的系统

有很多装置和软件可以用于辅助细胞式生产(如图 3-15 所示)。随着电子技术的进步，装置价格越来越低，软件技术也不断发展，因此我们可以利用的东西越来越多。为了构建更优质的细胞式生产线、辅助作业人员实现多能化，应该对其多加利用。

生产线

①通过检测器软件、图像处理软件及其显示功能来保证

生产线

> 检验器软件、图像处理软件

> 传感器、控制器（AB控制等）

> 安全装置（防错）
> 防错感应器
> 零部件拣选传感器

> 安灯

> 生产管理板

生产辅助

> 现场管理信息软件

> 数据收集硬件、软件

> CRT显示器

> 使用电脑下达装配作业指示

> 小型显示器
> （计划 实绩 差距）
> 确认作业进展状况

仓库

> 使用电脑进行单极管理

> 电脑指示灯显示
> 零部件拣选指示

其他

> 动作分析（摄像机、电脑、软件）

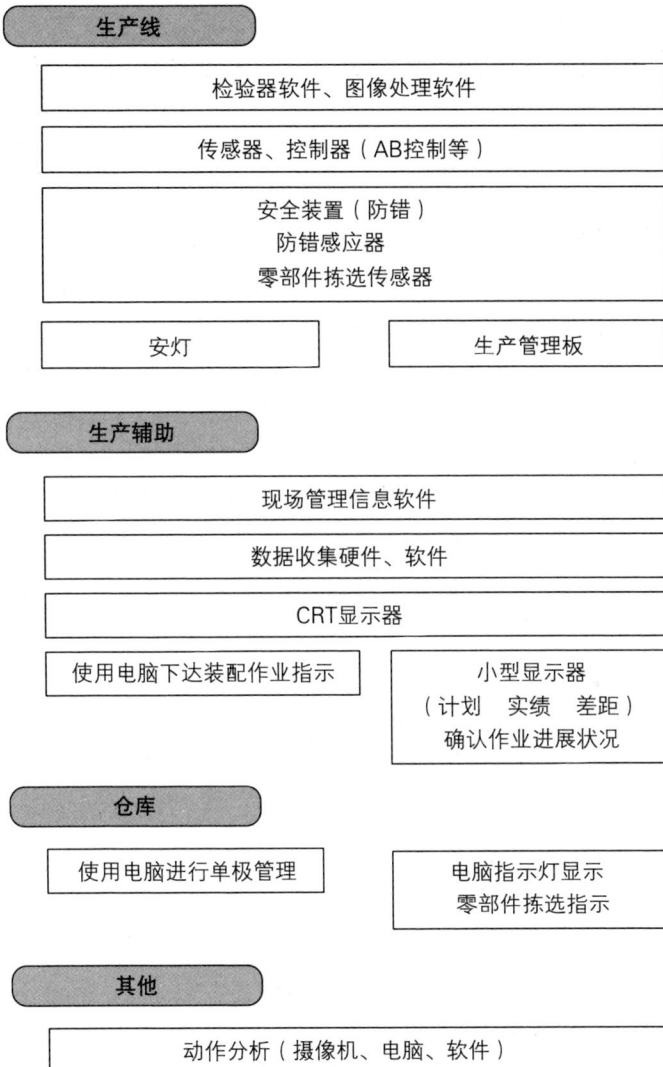

图 3-15 细胞式生产线周边的硬件软件示例

质量。

②通过感应器、控制器进行 AB 控制等。

③通过安全装置、防错感应器、零部件拣选传感器等防止出错。

④用安灯显示异常状况。用生产管理板进行进度管理。

生产辅助

通过现场管理信息软件、数据收集硬件和软件、CRT 显示器等进行装配作业指示(Input),用小型显示器显示"计划、实绩、差距",从而确认作业进展状况(Output)。

仓库

把零部件和产品放在货架(店面)里,通过电脑进行单极管理。为了减少物流作业人员在拣选(领取)时出现错误,并使其更容易操作,采取电脑指示灯显示等方式。

其他

有些软件可以通过对作业人员的动作进行分析,从而使作业标准及指南的编写更简单。该软件与摄像机配合使用,有助于作业人员简单操作、减轻疲劳。而且该数据还能作为由隐性知识转化为显性知识的记录,在今后传授技能或帮助国外作业人员等方面能派上用场。

3-16 作业人员(1)
动作与工作的区别

从本小节起,对作业人员标准作业的制定方法进行说明。

同时，该方法也是第 5 章将介绍的消除浪费及改进技术的基础。产品成本会随着具体制造方法的不同而发生变化，所以作为参与生产制造的一员，应该在制造物品时，不断探索如何减少浪费。

以下介绍的内容，作为产品制造方式中针对作业（工作）的基本性思路，将起到参考作用。

▶ ——把"动作" 变为"工作"

《丰田生产方式》（大野耐一著，钻石出版社，1978 年）一书中这样写道，"无论做了多少动作，都称不上是工作。所谓'工作'，是指工序运行顺畅、任务得以完成的浪费少、效率高的活动。管理监督人员必须努力把下属的'动作'转变成'工作'"。

▶ ——改进与劳动强化

人的动作里包含无意义的动作，这部分不是作业（工作 = "净"作业+附带作业），而是浪费。能消除多少不产生附加价值的浪费，就能相应地赋予员工多少新的工作。所以这是一项降低作业原有工时的活动。通过改进活动，作业人员的效率将得到提高。

相反，如果不改进作业人员的工作方式，而是继续派发新的工作，结果会怎样？对于作业人员来说，这就相当于是劳动强化。

改进活动是不会造成劳动强化的。

107

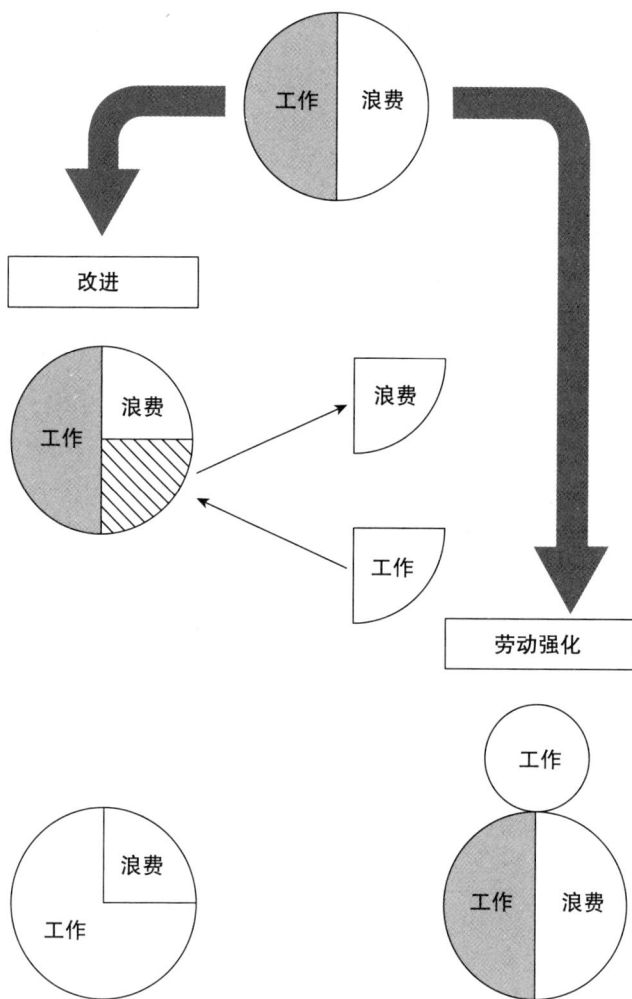

图 3-16　改进与劳动强化

　　同样地，构建细胞式生产线的负责人或管理监督人员的作用，是通过定量且准确的指示方法，明确作业人员应做的工作(标准作业)，并与作业人员达成共识。

108

3-17 作业人员（2）
什么是标准作业

标准作业就是把有附加价值的工作集中交由作业人员完成，以低成本、高安全度来生产优质产品的一种方法。标准作业把人和机械的工作分开，对作业的组合实行标准化。标准作业可以防止生产过剩并排除无意义的动作。同时，标准作业不是固定不变的，要随时进行修订，因此可以当作推行改进活动的工具来使用。

▶ ——标准作业的前提条件

①以人的动作为中心。标准作业不是附属于机械的工作，其不受机械条件的制约。

②标准作业是反复执行的。如果每次都变化，就会失去效果。

③融入监督人员的意志。监督人员要亲自实践演示，指导作业人员遵守规定。

▶ ——标准作业的三要素

标准作业必须具备以下三要素，否则不能成立。

生产节拍

生产节拍是指平均每个零部件或产品必须在几秒钟内制作完成的时间值。虽然接下来将要介绍的两个要素更具有普

109

标准作业的前提条件

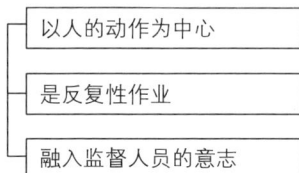

以人的动作为中心

是反复性作业

融入监督人员的意志

标准作业的三要素

生产节拍　　　　　（详见3-19至3-21、图4-6）

作业顺序

标准持有量

标准持有量原则

从作业顺序的角度看	顺方向作业	0个
	反方向作业	1个
从机械是否自动运送的角度看	有自动运送	1个
	无自动运送	0个

【一句话专栏】"标准作业"和"作业标准"
　　标准作业是由三要素构成的。而另一方面，作业标准则指进行标准作业时的各种标准。例如3-21将要介绍的作业指导书、QC工序表等等。两个术语容易混淆，所以为了方便区分记忆，也可以称为"标准化作业"和"作业的标准"。

图3-17　标准作业的前提条件和3要素

遍性，但在丰田生产方式中对生产节拍下了定义。导入生产节拍后，多名作业人员进行分割作业的方式最为简单。当进行单人作业时，首先要设定一个应有的周期时间。

作业顺序

作业顺序是指搬运物品、进行安装或卸除等作业时的顺序。

标准持有量

标准持有量是指为了能以相同顺序反复进行作业而必须持有的最少量。

3-18 作业人员（3）
制定标准作业①"各工序能力表"

▶——编写标准作业的顺序

编写标准作业，就是按照以下顺序规定生产节拍、作业顺序及标准持有量这三个要素。

（1）编写"各工序能力表"→（2）编写"标准作业组合书"→（3）编写"标准作业书"→（4）编写"作业指导书、要领书"

其中，把"各工序能力表"、"标准作业组合书"、"标准作业书"称为"标准作业三件套"或"标准作业三表（3 sheets）"等。

▶——"各工序能力表"

各工序能力表显示了各个工序的加工能力，是在制定标准作业时决定作业组合的基准。同时，通过此表还可以了解各道工序中哪些机械或手工作业是瓶颈。

111

表3-1 各工序能力表

课长	股长	各工序能力表	产品编号	123456-0000	生产线No.	A线	编写日	2006年8月28日
			品名	盒子	加工能力	1300	组别	流程
							姓名	TAKE

加工顺序	工序名称	机器编号	基本时间			刃具		加工能力	备考 图示 手工作业— 时间 自动传送…
			手工作业时间	自动传送时间	完成时间	交换时间 交换个数	平均 每个		
1	切边机		秒 3.4	秒 1.7	秒 5.1	/	秒	5391	1⌐‥⁚ 3.4 1.7 0.0 10.0 20.0
2	R切割机		2.3	12.0	14.3	/		1934	1 2.3 12.0 0.0 10.0 20.0
3	门高切割机		2.6	15.2	17.8	/		1551	1 2.6 15.2 0.0 10.0 20.0
4	E整修机		2.9	17.9	20.8	/		1300	1 2.9 17.9 0.0 10.0 20.0
5	磨边机		2.9	17.9	20.8	/		1300	1 2.9 17.9 0.0 10.0 20.0
6	R整修机		2.8	12.2	15.0	/		1835	1 2.8 12.2 0.0 10.0 20.0
7	导孔加工机		1.7	11.3	13.0	/		2125	1 1.7 11.3 0.0 10.0 20.0
8	整修机		3.3	10.4	13.7	/		2012	1 3.3 10.4 0.0 10.0 20.0
9	P整修机		3.0	15.3	18.3	/		1507	1 3.0 15.3 0.0 10.0 20.0
10	美观整修机		3.9	11.3	15.2	/		1817	1 3.9 11.3 0.0 10.0 20.0
11	微整修机		2.6	8.0	10.6	/		2606	1 2.6 8.0 0.0 10.0 20.0
12						/			1 0 10 20
13						/			1 0 10 20
14						/			1 0 10 20
15						/			1 0 10 20
	合计		31.4						

112

①加工顺序：不等于作业顺序，而是加工工序的顺序编号

②工序名称：加工工序的名称

③机器号：机械名称或机械番号

④基本时间：手工作业时间、自动传送时间、完成时间

⑤图示时间：在备考栏填写

　用图表示出手工作业时间、自动传送时间、完成时间

⑥刃具：刃具交换个数、刃具交换时间

⑦加工能力：平均每班的定时个数(瓶颈工序用红线标出)

⑧备考：参考⑤

⑨产品编号、产品名称

⑩生产线、加工能力

⑪组别、姓名

⑫编写时间(年月日)

⑬页码：总〇页的第△页

3-19　作业人员（4）
　　制定标准作业②"标准作业组合书"

▶——标准作业组合书

　标准作业组合书是用来规定生产节拍内的作业分配以及作业顺序的工具。通过它可以看到人与机械的工作时间的推移，从而有助于改进作业人员的动作。

　①每日所需生产量或每班所需生产量：根据一个月的所

表3-2 标准作业组合书

产品编号·品名	123456-0010 ASSY	标准作业组合书		编写日	2006/08/28	每日所需生产数	1200个	手动作业
工序名	表面处理（作业人员A）			组别	流程	生产节拍	23秒	自动传送 步行移动

作业顺序	作业内容	时间			作业周期时间							
		手	送	走	5秒	10秒	15秒	C.T T.T 20秒	25秒	30秒	35秒	
1	右手打开机器盖	0.9										
2	左手从机器中取出零件A	1.5		0.5								
3	右手拿空气枪，用风吹干零件A	5.6	3.0									
4	将护罩和空气枪置于台子A上	0.8		1.1								
7	左手拿出离子除静电处理完毕的垫板	1.2										
8	在台子A上把护罩罩在垫板上	2.0		0.5								
5	用两手从底涂喷涂台上取下已经完成底涂的套件	1.3										
6	用两手把底涂套件放在缓冲台上	1.1		1.9								
	净时间（手工作业时间＋步行移动时间）	18.4										

114

需数量算出

②生产节拍：算出生产节拍

③作业顺序：执行作业的顺序

④作业内容：以"进行……"的形式填写

⑤作业周期时间：从各工序能力表转抄

⑥产品编号、品名

⑦工序名称

⑧组别、姓名

⑨编写时间(年月日)

⑩页码：共○页，第△页

注意事项

·根据所需数量算出生产节拍，并在填写时用红线画出。

·作业时间的图示方法：手工作业时间——实线、自动传送时间——虚线、步行移动时间——波浪线。

·研究分析作业顺序和工作量是否妥当。

·在表 3-2 中，作业的周期时间(C. T) 要比生产节拍(T. T) 写得少。在细胞式生产中，要按照周期时间＝生产节拍的准则，设计出一名作业人员能够负担的工作量。

3-20 作业人员（5）
制定标准作业③ "标准作业书"

▶ ——标准作业书

标准作业书以图的形式标示了不同作业人员的作业范围。

115

除了标准作业的三要素之外，还标有质量检验、安全注意等符号。编写标准作业书时，要注意让所有人都能明白生产线的作业状态。同时要把标准作业书当成进行管理、改进和指导的工具。

①作业内容：从□□□到×××

②机器布局、作业顺序

③质量检验

④安全注意：安全绿十字标志

⑤标准持有：标准持有标志（涂阴影的圆圈）

⑥标准持有量：如表3-3内所示数量

⑦生产节拍

⑧分解编号

⑨周期时间：净时间

⑩生产线名称

⑪制定时间（年月日）

注意事项

·相关项目转抄于表3-1、表3-2。

表 3-3　标准作业书

生产线名称	表面处理	作业内容	打开机器盖子	从	制定	2006年8月28日
			在台子A上给零件B罩上护罩	到	改订	

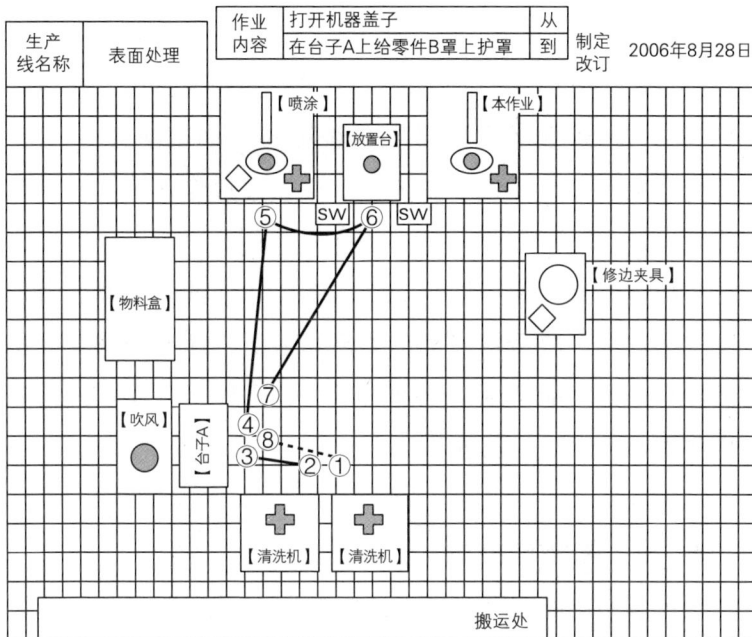

质量检验	安全注意	标准持有	标准持有量	生产节拍	分解编号	周期时间
◇	✚	●	4	23	1/4	18.4

· 画出机器布局图，注明机器编号或机器名称。布局图标明上下位置，与其他表格统一。

· 对于自动机器，原则上要全部标注安全绿十字。

· 将此表挂在大家方便查看的地方。

117

3-21 作业人员 （6）
制定标准作业④ "作业指导书"

当监督人员和培训人员对作业人员进行指导时，标准作业指导书、作业要领书以及要点表等文件都是指导的基准。这些文件不应该是固定不变的，而应该通过作业改进活动随时更新。

编写这些文件时，要求抓住关键、让人易于理解，并明确反映出安全、质量等方面的要求。最近，随着电脑技术的发展，可视化功能得到了迅速的增强，因此可以添加照片或者用各种颜色来区分表示。

▶ ——张贴作业指导书的理由

制定了作业标准后，作业人员会将其记在脑子里，所以张贴出来不是给他们看的。张贴作业指示书的作用，是为了让管理监督人员确认作业是否得到了正确的执行。

▶ ——"作业指导书" 示例
①形式、生产线名称等

表3-4 作业指导书

安全区分	形式		工序名	巡回作业	分类编号	
作业No.						

巡回路线

1 管理书填写　　　　　5秒

2 换盒　　　　　　　　10秒

3 质量检验　　　　　　20秒

4 去除　　　　　　　　5秒

5 补充　　　　　　　　15秒

6 空盒搬运　　　　　　15秒

※如有异常情况，应向上司汇报

				许可	检查	制定
4						
3						
2						
1						
记号	改订时间（年月日）	改订事项		许可	检查	编写日 2006年8月28日

②工序名

③分类编号

④作业内容、注记

⑤改订时间(年月日)

⑥改订事项

⑦许可、检查、编写人

▶ ——关于"标准" 和"表准"

在此对前面几个小节中所提到的"标准" 做一个补充说明。有些时候，会把"标准"写成"表准"。"表"（即表面）是指现在的实际状态，因此可以编写"表准作业组合书"、"表准作业书"，然后对其进行改进，使其成为"标准"。"标准"从被制定出来的那一刻起，就注定会成为"表准"，因为改进工作是无止境的。

3-22 作业人员（7）
作业人员培训

笔者在前文中曾阐释过，要想顺利推行细胞式生产，作业人员的相关因素占有很大的比重。

无论是单人作业方式，还是多名作业人员进行的分割方式，作业人员都必须熟练掌握多道工序。进行作业时负责多道工序的方式被称为"多工序作业"。另外，使作业人员做到

工序 作业人员	工序1	工序2	工序3	工序4
作业人员A	●	●	●	◑
作业人员B	●	◔	◑	◔
作业人员C	◔	⊕	⊕	⊕

评价标准示例

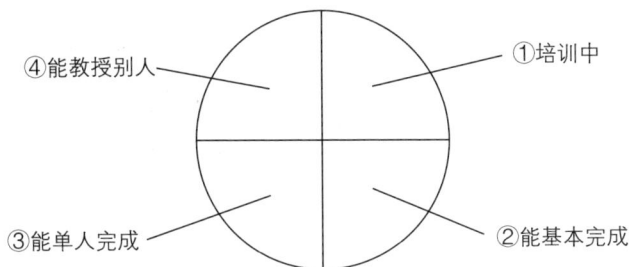

④能教授别人 —— ①培训中

③能单人完成 —— ②能基本完成

图3-18 多能化训练的计分表

【一句话专栏】变化与标准

我们知道，为了安全与质量，一定要"遵守已制定出的规定"。而另一方面，在生产现场，不畏变化、不断改善也是非常有必要的。因此，如果没有对已经制定的规定或指南做出及时的改订或说明，员工就有可能因为不重视规定而引发故障或事故。所以，作为一个领导者的责任，就是让员工认真遵守制定出的规定，同时追求更完善的操作指南。当连续出现变更时，要向作业人员说明其正确性并加以指导。

可操作多道工序的手段被称为"多能化"。所以，为了能做到多工序作业，作业人员必须都是"多能工"。

前文中曾提到，近几年来顾客的需求变动非常大，导致生产量随时都在变化。伴随着这样的变动，作业人员负责制造的产品也在不断变化，因此每次都要记住全新的作业内容。哪怕是熟练的作业人员，当采取单人作业方式、让一个人负责所有工序时，也需要更高的熟练度。

如上所述，只有每一个人不断掌握更多的能力(多能化)，制造现场的实力才会提高。为了让生产现场都是"无所不能"的作业人员，必须对他们时刻进行教育与训练。

作为评估教育与训练完成度的方法，可以采取记分表的形式。比如可以用圆形表示完成度，分成四等份进行评价。

如图3-18所示，分成四项评价，依次是①培训中、②能基本完成、③能单人完成、④能教授别人。每达到一个水平，就按顺序把相应部分涂黑。全部评价都涂黑的人，就意味着他已经能够把全部工序教授给其他人了。

在制造现场，应该把对每一个人的评价都放在这样的评估表中。通过这种方式，不但可以激励作业人员，还可以期待熟练掌握所有工序的人成为下一任的组长。

3-23　作业人员（8）
时间观测

为了编写标准作业三件套，一定要掌握时间观测的技能。笔者过去曾经拿着秒表做记录，用纸和铅笔画了很多张标准作业三表。虽然直到现在，笔者用秒表都还不太熟练，但通

> **作业测定方法**

```
┌─────────────────────┐
│      秒表法          │
├─────────────────────┤
│      摄像法          │
└─────────────────────┘
```

> **作业的分割单位与观测点示例**

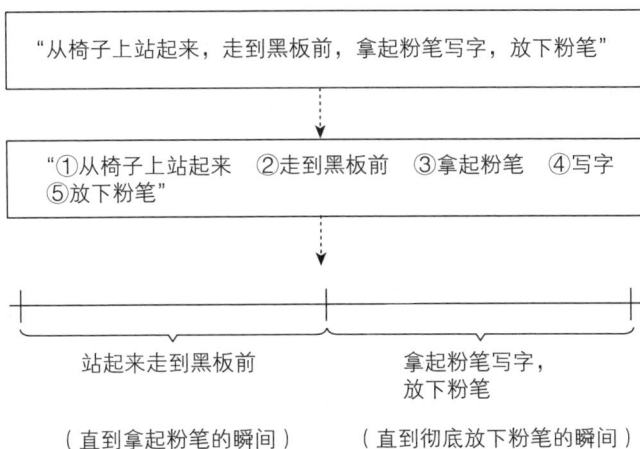

```
┌──────────────────────────────────────────────┐
│ "从椅子上站起来，走到黑板前，拿起粉笔写字，放下粉笔" │
└──────────────────────────────────────────────┘
```

```
┌──────────────────────────────────────────────┐
│ "①从椅子上站起来  ②走到黑板前  ③拿起粉笔  ④写字 │
│  ⑤放下粉笔"                                    │
└──────────────────────────────────────────────┘
```

站起来走到黑板前　　　　　　拿起粉笔写字，
　　　　　　　　　　　　　　放下粉笔

（直到拿起粉笔的瞬间）　　（直到彻底放下粉笔的瞬间）

图3-19　作业的测定方法与要素分割

【一句话专栏】什么是"基于IE"
IE（Industrial Engineering，工业工程）是生产的基础，笔者在本小节中做了时间研究的简单介绍。对于想深入学习其基础的读者，笔者推荐您学习有关IE方面的知识。

过反复编写标准作业三表，笔者增强了自信。这项训练可以增强观测时间的能力，还能培养发现问题的观察力。再加上

123

最近几年由于可以使用摄像设备，所以能够反复多次观察，非常方便。此外还有编写标准作业三表的软件。不过希望各位读者认识到，不管是否使用这些新工具，其本质目的都不会变。即在提高制定标准作业技能的同时，培养发现问题的观察力。

在编写标准作业组合书的时候，思考应该把作业分割成多大的单位进行观测，这一点非常关键。根据《新版 IE 基础》（藤田彰久著，建帛社，1978 年）的说明，把作业分割成小要素时，要注意以下几条原则：

①能明确地与其他要素区分开来；

②要素应该较短，但必须保证能正确地进行观测；

③要素内应该只包含与目的相同的动作；

④手工作业时间和机械时间应该区分开来；

⑤定量要素和变动要素应该区分开来；

⑥要把循环之外的要素或无关要素区分出来。

把作业分割成小要素，可以参考图 3-19 的示范；如对于"从椅子上站起来，走到黑板前，拿起粉笔写字，放下粉笔"这一系列动作，应该从便于观测的立场出发进行分割，并决定应该观测的瞬间。

专栏③ 也谈"作业人员"

　　站在管理立场的人，容易把人当作工时来看待。与此同时，生产线上的一员在工作时，很难消除"自己不过是一个齿轮"的感觉。

　　曾经有一次，当笔者在说明什么是标准作业时，一名外国的管理人员说了这么一句"Like a robot"（就像机器人一样）。笔者当场就否定了他的说法："如果机器能完成这样的作业，那搞机械化不就得了。就是因为机器做不到，才需要用人的灵活性（Flexibility）来弥补。人绝对不是机器人。"

　　我们人类具备很多了不起的能力。就算能推行机械化，也要花费相当高额的成本。从长远角度来看，或许会有一天，机械将代替人的所有工作，但是在今天，机械做不到的事情是靠人的灵活性来补充完成的。在劳动密集型产业中，相信今后也将继续依靠外国的低酬劳劳动者。

　　或许也可以换个角度想问题：因为现在没有技术，所以才不得不劳烦大家做这么机械的工作。正因为如此，才更应该尊重人，对于辛苦付出的人，应该支付给他们相应的酬劳——笔者认为这样的思维方式是非常重要的。

　　此外，作为一名管理人员，为了不让作业人员出错，确实会考虑如何让作业更加机械化的问题。因为生产出不良品就麻烦了。到底是采用需要熟练技能的作业方式还是机械化的作业方式，管理者的心会在这两者之间反复摇摆。

125

根据作业内容的不同，"作业人员"有时被称为"Worker"，有时又被称为"Operator"。据说，"Work"包含"发挥原有技能"的概念，而"Operate"则包含"使其有效运转"、"有效操作各种事物，使其运行"的概念。好像在国外还有其他各种不同的叫法，不过笔者本人喜欢用"Team Member"（队员）来称呼他们。这是因为就算"作业人员就是作业人员而已"的思维方式在国外是主流，笔者仍然希望他们下一步能成为"Team Leader"（组长），甚至进一步挑战自我。

第 4 章
细胞式生产体系的构建

4-1 细胞式生产体系的思路

本章对细胞式生产体系进行说明。如图 4-1 所示，本章将站在拉动式(Pull) 生产的立场上对全公司范围的细胞式生产体系进行说明。笔者在第 2 章中曾阐释过，有些案例是站在推动式(Push) 生产的立场上进行说明的。二者的区别在于物料和信息的流动有所不同。也就是说，区别在于依照顾客的领取信息(产品售出信息) 对生产线下达生产指示的方式。

由于企业所处立场不同，条件各异，所以不能笼统地讨论细胞式生产体系应该采取推动式还是拉动式生产。要考虑实际条件，以顾客需求为依据，建立一个能以更低的成本、更快的速度生产更优质的产品的体系(机制)。

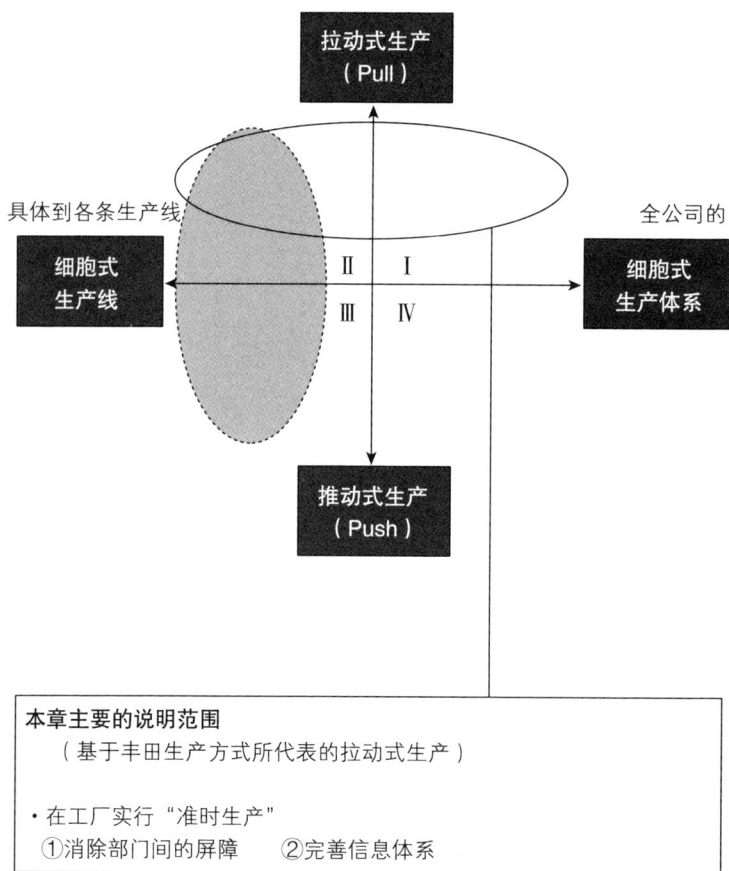

图 4-1　第 4 章的说明范围

　　在拉动式生产中，产品向顾客卖出多少，就生产多少。下面，笔者将以作为细胞式生产体系基础的丰田生产方式为前提，就如何灵活运用细胞式生产线的体系(机制) 这一主要观点进行整理与说明。

　　丰田生产方式的创始人大野耐一先生为了实现"准时生产

(Just In Time，简称 JIT)"——"装配时所需的零部件，仅在必要的时候，每一次，以必要的数量到达生产线上"这一理念，其采用了"让后道工序在必要的时候，去前道工序领取必需数量的必需物料"的思维方式，并形成了"被拿走多少，前道工序就生产多少"的制造方法。同时还建立了生产指示的机制，即作为连接各个工序的手段，采用了一种被称为"KANBAN"的管理工具。

在本章，将为各位读者说明如何在利用 KANBAN 的准时生产中构建细胞式生产体系，从而实现灵活性高、无浪费的生产制造。

4-2　什么是丰田生产方式

大野耐一在其著作《丰田生产方式》(钻石出版社，1978年) 中介绍了丰田生产方式。近几年来，结合着环境的变化，虽然很多场合在说明拉动式生产方式时使用了各种不同的名称，但基本上都以此为依据。在本小节，将对构建细胞式生产的基本思路进行说明。

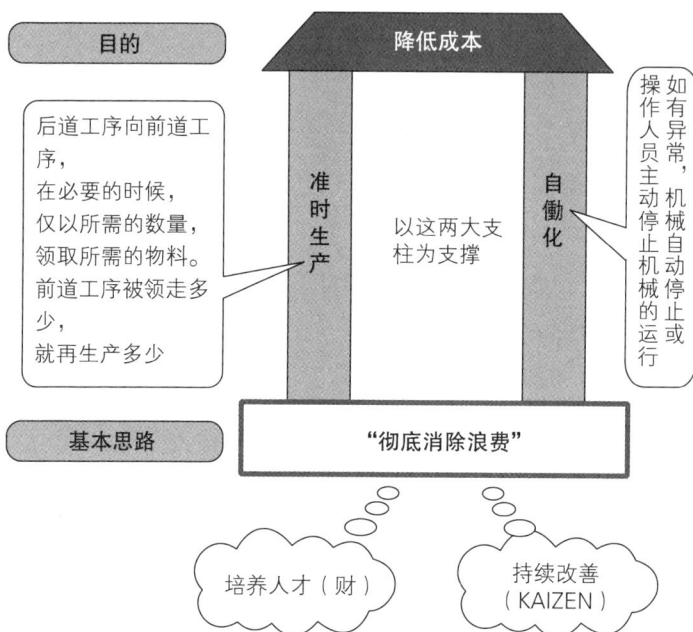

图4-2 通过彻底消除浪费来降低成本

【一句话专栏】我们总会回到这一页
　　当笔者向外国研修生讲课时，问他们"听懂了吗"的时候，他们会立刻回答"听懂了"，或者"Perfect（完全理解）"。而日本人通常很含蓄，所以不太会出现上面所描述的情况。对于本小节所介绍的两大支柱，笔者总会这样说："讲课的时候一上来就会说明这两大支柱，所以你们可能觉得理解了。但我是过了好几年之后，才终于切身感受到丰田生产方式的关键理念正在于此。"丰田生产方式的方法论介绍了各种各样的手法，而实际上，所有手法都是在灵活运用现场经验的同时，以图4-2中两大支柱的思路为依据创造而成的。

　　图4-2很好地展示了细胞式生产方式的思路。

　　作为细胞式生产方式的基石，其基本思想是"彻底消除浪费"。而准时生产和自働化是贯彻这一思想的两大支柱。

准时生产是指"后道工序仅在必要的时候,向前道工序领取所需数量的物料;前道工序被领走多少,就再生产多少"。对最终工序下达的指示会一步一步向前传递,连续进行同步,从而连接所有工序。

自働化是指"只要出现异常,机械就会自动停止,或者作业人员就会停止生产线的运行"。

大野耐一曾说过:"丰田生产方式是作为一个极其有条理又十分常规的综合性生产体系而诞生的。它能充分调动人的能力、提高人的工作意义、让人灵巧熟练地使用设备或机器,并在工作时彻底消除浪费。"基于这样的理念,制造业要想永远保持生机,就必须通过"彻底消除浪费"来降低成本,并持续保证利润。

4-3 准时生产(1)
基本思路

前文已经做过说明,准时生产就是"在必要的时候,仅以需要的数量生产(搬运)需要的物料"。在实行准时生产时,需注意如图4-3所示的前提条件和三条基本原则。

▶——前提条件

均衡化生产(4-4,第133页)

131

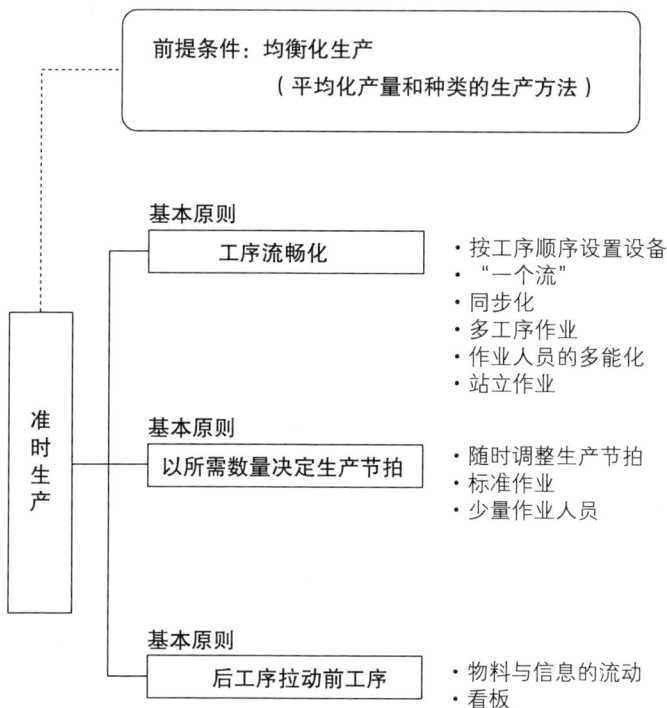

图4-3 准时生产的基本思路

【一句话专栏】如何理解"Just In Time"（准时生产）？

"In Time"是"及时"的意思。而"Just"非常关键，准时生产认为"正好及时"是非常关键的。而另一方面，"On Time"是"按时、定点"的意思。虽然很容易被人误解，但实际上大多数的作业都是规定好时间后进行的，所以不是"On"。

▶——基本原则

①工序流畅化（4-5，第136页）

②以所需数量决定生产节拍（4-6，第138页）

③后工序拉动前工序（2-20，第60页）

后工序拉动前工序是准时生产的第三条基本原则。在2-20(第60页) 已做过说明。

过去在执行生产计划时，每道工序按照生产计划进行生产，通常不考虑后道工序的状况，生产后把产品"硬塞"给后道工序。甚至有在后道工序因机械故障而停止运行后仍继续生产的极端例子，导致生产出的物品堆积如山。从结果来说，这是一种由浪费造成进一步浪费的做法。

于是大野耐一就想：既然生产的流程就是物料的流动，那么把物料的搬运方向反过来会怎么样？他由此想到：只要把"前道工序向后道工序补充物料"的思路转变为"前道工序被拿走多少，就生产多少"的思路，就能够实现准时生产。于是他开始不断完善这样一种方式——只向最终工序下达生产计划，通过使用"KANBAN"作为交接和生产的手段，并在工序之间反复传递，以控制生产量。这种"KANBAN方式"就是顺利流畅地执行后工序拉动前工序方式的手段。

4-4 准时生产（2）
均衡化生产是前提条件

准时生产的前提条件是均衡化生产。

如果想以"准时"的搬运连接生产过程中的各道工序，那么生产量一旦出现了巨大变动，前道工序就很难采取对策。

133

等待加工　工序3　加工完毕产品库存　等待加工　工序2　加工完毕产品库存　等待加工　工序1　加工完毕产品库存　市场

生产量上的变动，越向前道工序传递，波动就越大

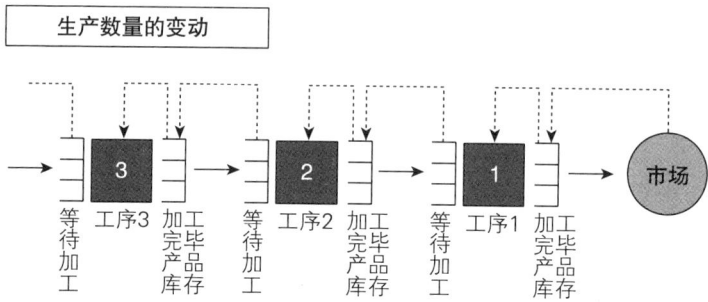

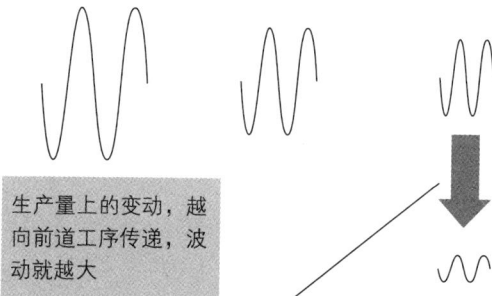

均衡化的思路

例:　　产品 ○　　　120个/天
　　　　产品 ●　　　60个/天
　　　　产品 □　　　30个/天

（批量生产）　　　　　　　　　　　　（均衡化生产）

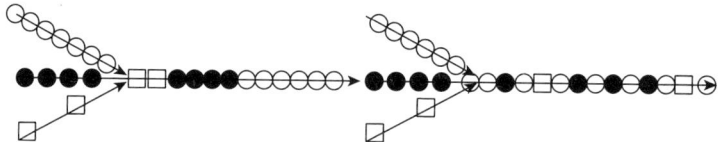

图4-4　均衡化生产的思路

　　为了灵活适应后道工序在生产计划上出现的大幅度变动，前道工序必须以生产变动的最大值去考虑人员配备、设备以

134

及库存。然而这样的浪费势必会导致成本的增加。因此，为
了实现准时化的生产制造，生产计划的"均衡化"就越发显得
必要。

由于生产的产品以及各企业所处条件的不同，如何让最
终装配工序实现"均衡化生产"才是关键所在。如图 4-4 所
示，当市场或顾客的需求可能会大幅度变动时，可以导入通
过扩大"加工完毕产品的库存"吸收变动的机制等作为解决方
案。毕竟"客户"的订单是最容易发生变动的。

▶ ——均衡化的思路

均衡化是指产品的生产量和种类都在时间轴上实行平均
化。而如果采取批量生产的方式，由于要成批生产各种商品，
会导致大幅变动后的信息传递给前道工序。

如果最终装配工序实行均衡化生产，那么向前道工序领
料的信息会被均衡化，这样就可以稳定地从各工序或供应商
处领料，于是从整体上消除了浪费，有利于降低成本。实行
均衡化生产时，生产线必须具备相应的实力。为此，最好构
建一条具有灵活性的生产线，如配备可以进行"一个流"生产
的设备、缩短换模换线时间、分割工序以方便作业人员发出
求助信息或接受援助等。

4-5 准时生产（3）
工序流畅化

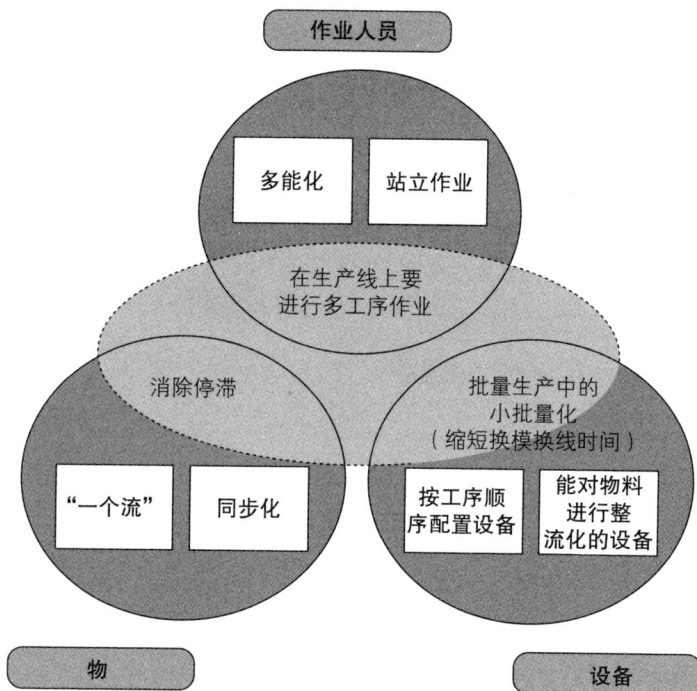

图4-5 工序流畅化的思路

【一句话专栏】站着工作会不会累？
这或许因人而异，但依笔者的一己之见，坐着进行作业时，腰部会尤其感到累。有些作业内容还会让肩膀非常疲劳。笔者感觉站立作业反而不累。而且还有报告称，"有数据证明：站立作业能明显降低疲劳感，提高生产率"。不过不管怎样，在推行站立作业时，都应该先获得小组成员的理解。

准时生产的基本原则首先是工序的流畅化。

要建立一条顺畅的物流线，让物料在各个工序间无停滞地流动。

▶——对物料流动的处理

物料流动要遵循"又细又快"的思路。采用一件一件传送的方式，如果出现了问题，作业就会停滞，因此便于采取对策。

"一个流"：每一道工序把物料一件一件地传到下一道工序。

同步化：前一道生产工序的能力必须符合其后的生产工序。

▶——对作业人员的要求

多工序作业：在有多名作业人员的生产线上，伴随着生产数量的变动，每个人所负责的作业可能会出现增减，所以必须让员工掌握数道工序，即"多工序作业"。

多能化：为了让作业人员胜任多工序作业，必须进行各道作业工序的训练。

站立作业：站着进行作业是基本的前提条件。

▶——对设备的提高

设备的配置必须易于被作业人员操作，必要时还要对设备进行改进。

按工序顺序配置设备：如果设备的布局不好，就会造成作业人员多余的动作以及不必要的库存。因此必须按照物料的流动顺序配置设备。

能对物料进行整流化的设备：必须配合生产线速度，让设备可以进行"一个流"方式的生产。

如果采用批量生产方式，设备的换模换线时间不但会降低生产率，还会妨碍"一个流"的生产方式。因此改进换模换线及缩短作业时间的活动有利于构建更高效的生产线。

4-6 准时生产（4）
以所需数量决定生产节拍

准时生产的第二条基本原则是"以所需数量决定生产节拍"。

"以所需数量决定生产节拍"是指由顾客(后道工序) 所需的物料数量决定生产速度。其最理想的形式就是以最终消费者的购买速度(产品的销售速度) 进行生产，即**销售速度 = 生产速度**。

上述概念被称为"生产节拍时间"，可以用图 4-6 中的公式进行计算。例如，如果"每天运转 8 小时($8 \times 60 \times 60 = 28800$ 秒)，需要 960 件"，那么计算出来的 30 秒生产节拍时间就是生产速度。

公式

$$生产节拍时间 = \frac{平均每天的运转时间}{平均每天的必要生产数量}$$

其中，平均每天的运转时间应是排除加班时间的定时时间。

（问题）

A公司的客户赛尔公司实行一天两班的生产方式。如果A公司也能以一天两班的方式生产的话，那是最理想的。但该公司车间里的员工主要是已婚女性，所以无法马上做到。

1. 赛尔公司一天两班，平均每天生产960件产品。A公司的生产方式为每天一班8小时。那么，A公司应以多快的速度进行生产？
2. 一年后，赛尔公司下的订单增加到了平均每天1440件，所以A公司也把生产方式过渡到了每天两班，两班总共16小时。那么，A公司应以多快的速度进行生产？

（答案）

1. A公司平均每天的必要生产数量为960个。
   A公司的日平均运转时间是8小时。

   故应按如下方式计算：

   $$生产节拍时间 = \frac{8 \times 60 \times 60 （秒）}{960 （个）} = 30秒$$

2. 生产节拍时间是40秒。

图 4-6　生产节拍时间

▶ ——生产节拍时间要随时更改

如果计划生产的数量出现增减，就必须随时变更生产节拍时间。在有多名作业人员的生产线上，要根据生产节拍时

139

间适当对作业人员的组编进行调整。例如，如果在生产数量减少的情况下依然保持配备人员不变的话，将导致产品的生产过剩。所以，此时要配合生产节拍时间减少小组人员，并对工序进行分割。因此上一小节中所提到的推行"多能化"是前提条件。

在"以所需数量决定生产节拍时间"之后，再去规定各名作业人员的作业方法。所以，标准作业必须经过仔细推敲完善。在此基础上，必须以标准作业为基准，发现作业中的浪费情况并加以改进，从而为作业人员创造更易于作业的空间。同时，对各名作业人员的作业周期时间的设定，当然也要控制在生产节拍时间之内。

4-7 自働化（1）
基本思路

如今如果想用日语输入法打出"自働化"一词，只要输入发音就能自动转换出来。这个词开始流行，还是在大野耐一的著作问世之后。现如今，这个词已经被人广泛认知。这个词不是"自动化"，而是带单人旁的"自働化"。顺便说一句，"JIDOKA"（"自働化"的英文写法——译者注）一词在英语世界里的认知度也越来越高。不带单人旁的"自动化"，即使生产线出现异常状况也不会停下来，而是继续生产不良品或导致设备发生故障。据说"自働化"这一思路始于丰田佐吉老

140

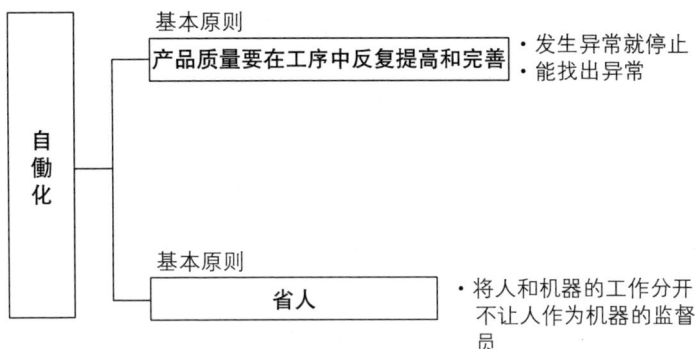

设备的自働化与自动化的区别

自働化	自动化
省人	省力化（省不了人）
如发生异常状况，机器本身作出判断并停止运转	如发生异常状况，只要没有人去关掉机器，机器还会一直运转
不会生产出不良品 可以将机器、模具、夹具的故障防患于未然	即使生产出不良品也无法及时发现。机器、模具、夹具有可能发生故障
容易发现造成异常的原因，防止再次发生	无法在初期发现造成异常的原因，很难防止再次发生

图4-7　自働化的基本思路

先生发明的"自働纺织机"。如果线断了，这种纺织机会立刻停下来，是一种具备检查异常状况功能的、不会产出不良品的机器。

▶ ——质量要在工序中反复提高、完善

通过推行自働化，当发生异常状况时可以停止生产线运转，从而避免生产出不良品。所以这是一种以反复完善产品质量为目的、在生产线内加入检查异常状况机制的思维方式。对于单个的设备，必须安装检测异常状况的机械装置，一旦发生问题就能够自动停止设备的运转。而对于装配生产线，则有一个名为"另一种自働化"的思路，它是"自働化"进一步发展的产物。即在手工作业的生产线上，如果发生了异常状况，允许作业人员自己按下停止按钮，从而叫停生产线。

▶ ——省人

对于自働化机器，为了能在出现不良品时停止机器运行而专门配备的作业人员就像是机器的监督员。如果有一个能够检测问题的机械装置，能自动拣选出不良品或停止机器运行，那么就可以把该作业人员调往更具有附加价值的工作岗位上了。

4-8 自働化（2）
发生异常时自动停止的机制

所谓"带单人旁的'自働机械'"，就是"带有自动停止装置的机械"，即当出现异常状况时，机械会自动进行判断并停止运行。下面举三个实际案例，对这一自働化的子系统进行

142

A–B控制

该机制用于防止"生产过剩造成的浪费",以保持工序内的标准持有量

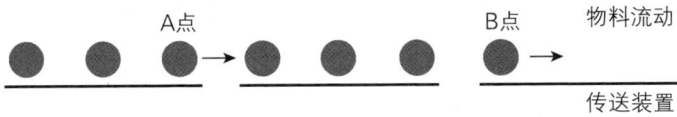

A点   B点   物料流动

传送装置

传送装置的运转条件

	停止	停止	前进	停止
A点	有工件	无工件	有工件	无工件
B点	有工件	有工件	无工件	无工件

Full–Work

固定位置停止方式

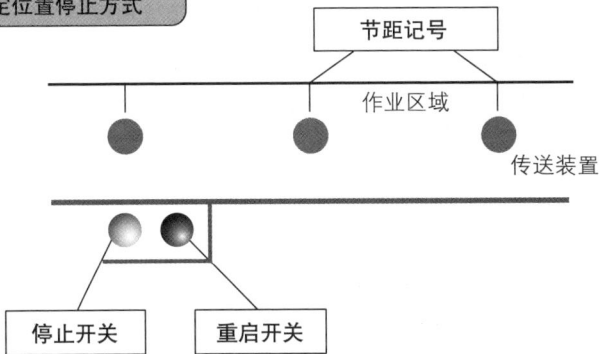

节距记号

作业区域

传送装置

停止开关   重启开关

图 4-8 带单人旁的自働机械

说明。

143

► ——A-B 控制

A-B 控制(如图 4-8 所示) 也被称为"No-Work Full-Work 控制",其根据 A 点和 B 点的条件来控制传送装置的运转与否。通过传送装置,配合后道工序的领取情况,可以一个一个地在必要的时候对物料进行搬运或加工。在控制时,使其间隔时间与生产线的生产节拍保持一致。

► ——固定位置停止方式

采用固定位置停止方式(如图 4-8 所示) 的话,当装配生产线出现异常状况时,按下生产线停止开关就可以保证总在相同位置停止。作业人员在作业中出于某些原因而进度落后时,按下开关后,信号会发送给安灯。安灯亮后,监督人员或支援人员会赶来补救落后的作业进度或排除故障。

通过标准作业明确作业开始和终止的区域,根据生产节拍时间规定节距记号。

这一方式常见于使用传送装置的装配工作中,而在细胞式生产的手工作业中,由于该方式可以防止在装配工序中因遗漏加工而出现零部件断货或产生不良品的情况发生,所以意义同样重大。在作业人员休息前,一定要使其完成事先规定的整套工序,从而防止不良品的产生。

► ——防错法 (POKAYOKE)

为了在工序中反复完善和提高产品质量,防错法可以避免把不良品送到下一道工序。这是一种自働化的思考方式。

4-9　自働化（3）
报告异常的机制

　　"带单人旁的自働化"的思路是：当发生异常状况时，机械会自动停止或由作业人员停止生产线的运转。不过，当发生了异常状况，作业人员停止生产线的运转后，如果不马上采取措施，同样也没有意义。于是就有一种叫做"安灯"的子系统，当发生了问题，生产线被作业人员停下来时，该系统会向管理人员报告。

▶ ——安灯

安灯大体可以分为单个式安灯和集中式安灯。

　　在每一条生产线上，或者在各道工序中，单个式安灯安装在设备上方显眼的位置。例如，黄色指示灯点亮，同时警报器鸣响，表示呼叫监督人员；而发生异常状况时，伴随着生产线的停运，则亮起红色指示灯。

　　集中式安灯是显示生产线整体状态的安灯。在工厂内的显眼处，设置可以一目了然地了解全生产线运转状态的电子显示牌。

　　安灯只是纯粹的报警工具，目的是在出现异常状况时能让作业人员停止生产线运转并采取措施。所以用报警器充当安灯

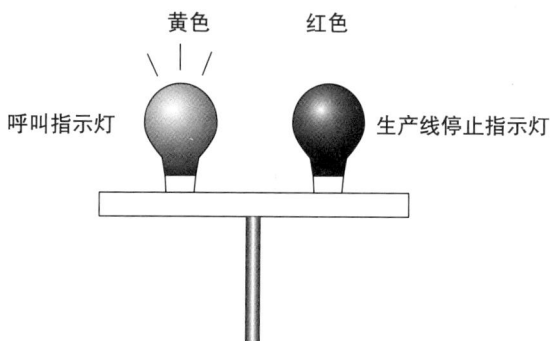

黄色　　　　　红色

呼叫指示灯　　　　　　　　　　生产线停止指示灯

集中式安灯

在工厂内的显眼处，设置可以一目了然地了解全生产线运
转状态的电子显示牌

生产线No.	A	B	C	D
运转中	绿色		绿色	
停止中				
换模换线中		黄色		
零部件断货				白色
呼叫				

图4-9　安灯

也是可行的。笔者就曾把如今餐馆里经常用到的无线数字显示
牌当作洁净室内设备的异常状况呼叫器使用，颇有效果。

146

▶──目视管理

安灯与 KANBAN(将在后文中介绍) 相同, 也是在准时化
生产中使用的工具。细胞式生产体系发生异常状况时, 不仅
要让机器停止、避免把不良品送往后道工序, 同时还必须采
取长久性的对策。

4-10　物料与信息的流动（1）
　　　　看作一个体系

要想让细胞式生产线充分发挥作用, 必须在全工厂构建
一个辅助生产线的体系(机制)。而且为了更好地维持、提高
和运行细胞式生产体系(将在下一章说明), 应该通过"物料与
信息的流动图"(如图 4-10 所示) 的思路完善整个工厂的体
系。但在系统构建完成后, 仍要坚持不懈地推行改进。

当把物料和信息的流动看作公司的体系时, 需要考虑如
下几个项目。

从细胞式生产线领取搬运产品

·多次领取搬运: 用 KANBAN 下达领取指示

细胞式生产线自身的机制

·发生异常状况时的机制(参见前几小节的说明)

·告知异常状况的安灯等

·能根据需求变动调整组编人员的机制

·生产指示信息: 用 KANBAN 下达生产指示

147

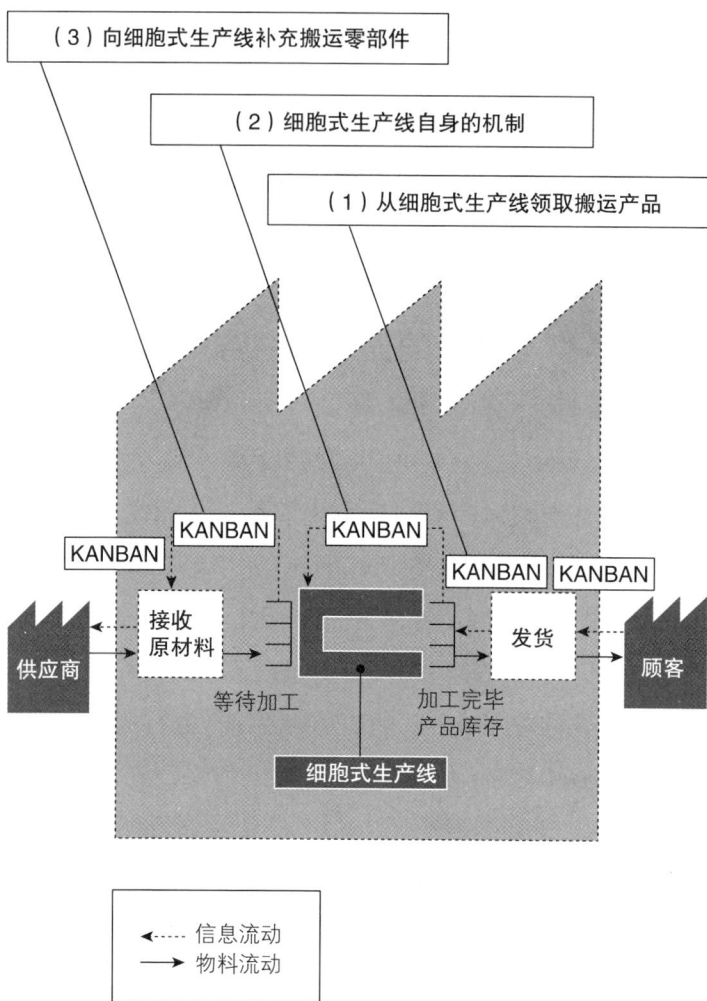

图4-10 物料与信息的流动图（后工序拉动前工序型）

向细胞式生产线补充搬运零部件

· 多次补充搬运：用 KANBAN 下达领取指示

在逐步建立上述机制时，如本书一贯阐述的那样，应该
根据顾客或市场的购买信息，坚持遵守"只生产现在需要的"
的原则，以此消除工厂内的浪费。作为"输出结果"而获得的
质量、产量、成本、交货期和安全性等指标的优劣，无非都
是自己所构建的系统所体现的结果而已。

从下一节起，将对把物料和信息的流动看作系统时的几
种基本思路加以说明。

4-11 物料与信息的流动（2）
可灵活适应需求变动的人员编排

在细胞式生产线上，需要具备能根据需求变动改变作业
人员编排的机制。如图 4-11 所示，在单人生产线上，通过增
减生产线数量来灵活适应负荷的变动；当采用分割方式时，
通过在分割工序时加入必要的人员以灵活适应负荷的变动。
另外，在巡回方式中也可以通过调整人员数量来灵活适应负
荷的变动。

单人生产线

因为单人生产线是 1 条线配 1 名作业人员，所以要根据需
求的增减调整生产线的数量。笔者在第 2 章中曾介绍过，如
果有高额的设备，可能无法简单地增加生产线。因此在这种
情况下，通过运转或停运生产线的方式反而更容易灵活适应
负荷。同时，前文已阐述过，这时候需要具备多名技能娴熟

- 假设有一种产品，每装配1件需要工时Σ（西格玛）CT=200秒。
- 每天运转8小时（28800秒），1名作业人员每天可以生产144件。

简化后来看，
如果每天的需求量增长为4倍（576个/天），应该如何应对？

应对方法

（1）单人生产线

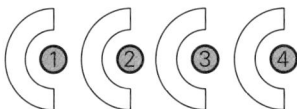

使用4条生产线，
每人每天生产144件×

4人

=日产576件

（2）分割方式（多名作业人员）

生产线

① ② ③ ④

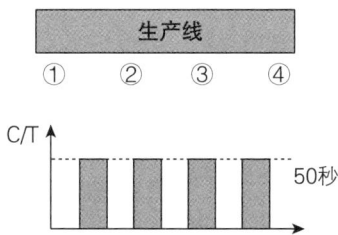

安排4个人，分割工序作业，
每名作业人员的工作量定为
周期时间C/T=50秒。
则日产576件

单人生产线以生产线的增减来灵活适应负荷；分割方式以分割
工序来灵活适应负荷。

图4-11 细胞式生产线灵活适应负荷的方法

150

的多能化作业人员。虽然存在上述变化因素，但单人生产线
仍然是一种可以灵活适应需求变动的方式。

分割方式的生产线

在分割方式的生产线上，分割工序后由多名作业人员分
工负责，生产每天所需的必要数量。从严格意义上讲，要想
尽办法让每名作业人员的周期时间符合生产节拍时间。在图
4-11中，200 秒的总工时将由 4 名成员以 50 秒的周期时间进
行生产。当生产线上有高额设备时，采用单人生产线较为困
难，所以通常采取这种方式。必须根据生产需求的变动，随
时调整人员的编排。

以上两种方式的前提，都是周密地制定并执行标准作
业。对于生产计划，各个生产线肯定会出现工时零头，所以
应该站在全工厂的角度建立一个集中工时零头并有效利用的
机制。

4-12 物料与信息的流动（3）
KANBAN

KANBAN 是一张四分之一 A4 大小的纸。通常在使用时
将其装在塑料袋里，作为工厂内、顾客和采购商之间交换信
息和指示生产的工具。本节将对 KANBAN 做非常系统的
说明。

（按用途分类）　　　（按作业分类）

```
通常KANBAN ──┬── 生产指示KANBAN ──┬── 工序内KANBAN
             │    （半成品KANBAN）  │    （单张KANBAN）
             │                      │
             │                      └── 信号KANBAN
             │
             └── 领取KANBAN ────────┬── 工序间领取KANBAN
                                    │
临时KANBAN                          └── 外协KANBAN
```

KANBAN示例（外协KANBAN）

供货商 PD.co	产品编号　123456-7890		接收 F01
	品名　细胞式生产零部件		工序设计
KANBAN No. 011	容器 D4	收纳数量 12	生产线No. 00H

图4-12　KANBAN的种类与示例

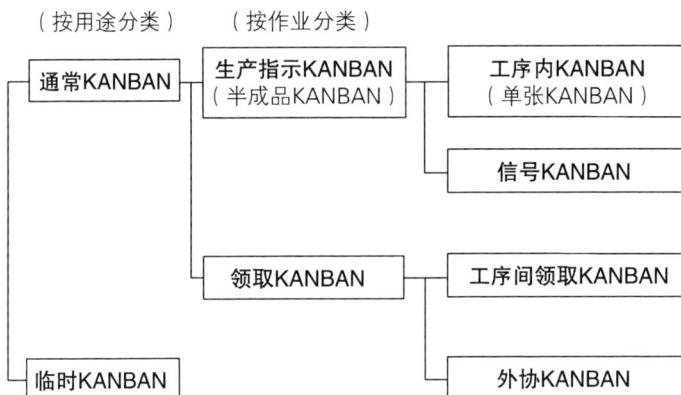

▶──KANBAN 的种类

KANBAN 在运用上大体可以分为"通常 KANBAN"和"临

152

时 KANBAN" 两类。通常 KANBAN 还包括"半成品 KANBAN"
和"领取 KANBAN"。

工序内 KANBAN：在工序内下达生产指示

信号 KANBAN：批量生产工序中的生产指示

工序间领取 KANBAN：工序之间的搬运指示

外协 KANBAN：从外部采购零部件时的进货指示

临时 KANBAN：出于某些原因而需要进行提前生产时使
用，在上面画一道红色斜线

▶——KANBAN 上的信息

①产品编号、品名 ②容器形式 ③容器容量 ④放置场所
(区域、街道) ⑤后道工序生产线名 ⑥前道工序生产线名 ⑦
派发张数与编号

▶——KANBAN 的运用

KANBAN 显示了物料的流动。同时，库存量也显示在
KANBAN 上。KANBAN 只不过是目视管理的工具，只要能够
正确应用 KANBAN，就能发现浪费之处，从而有利于构建强
力的生产线。应该准确理解 KANBAN 的相关规则与作用，将
其有机地与改进活动联系起来。

4-13 物料与信息的流动（4）
搬运①

物料的流动又叫物流，如果整个生产流程都实现了自动化的话另当别论，但一般情况下总要以某种方式搬运物料，于是就产生了物品的实际流动。所以物流中的浪费也就是搬运中产生的浪费，或是作业人员产生的浪费。

▶──搬运的三要素

搬运工作量：所搬运物料的分量和个数等，换算成工时。

搬运路径：搬运的路线、方向等。

搬运行程（时间）：搬运时间表、搬运间隔等。

以上三要素相互关联，比如一旦决定了"工作量"，那么搬运时的移动"时间"以及处理"时间"也就定好了。此外，定好"路径"后，由于会影响到移动时间，所以"时间"也会随之发生变化。如果"时间"间隔变长，则其间的物料量会增加，于是每次的平均"工作量"会发生变化。可以通过这三要素对搬运作业实行标准化。

▶──工厂布局

在新设工厂时，最理想的布局是让物料按照单方向流动（如图4-13所示）。进货后的原材料经由零部件工厂进入装配工厂，或者零部件直接进入装配工厂。装配好的产品被集中

搬运的三要素

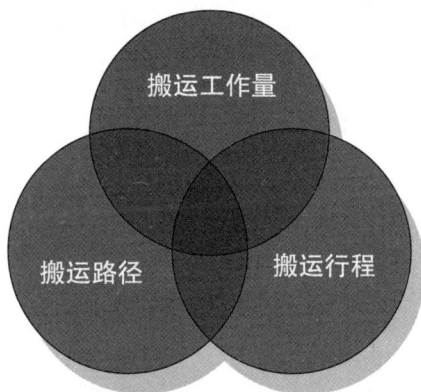

工厂布局与物流示例（概念图）

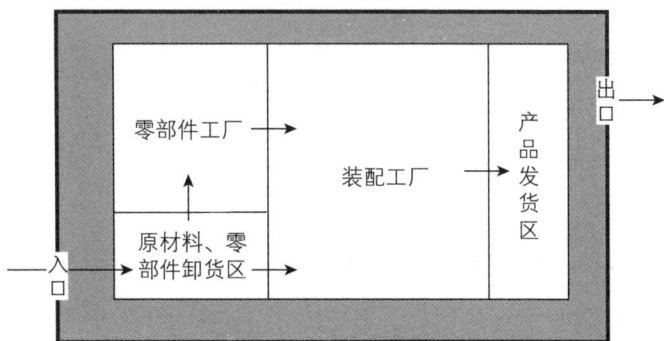

图 4-13 **搬运的基本要素**

到发货区后发送给顾客。这种布局能把握住物料整体的流向，对于准时化生产非常有效。这是因为"进"和"出"非常清晰。但在现实情况中，由于受工厂具体条件所限，不少工厂的出入口为同一个，而且经常必须在已经建设成形的工厂内进行改善工作。但不管怎样，工厂布局对物流而言非常重要。先从全局的大流向开始研究，再逐步考虑各个设备的布局和物料流动线，这样易于减少搬运中的浪费。

4-14　物料与信息的流动（5）
##　　　　搬运②

为了减少浪费并让准时化生产更高效，必须把互相分隔的各个工序及时地联系在一起。零部件的搬运必须要赶上生产速度，才有可能实现流畅化的生产。然而一般来说，物料与信息的停滞时间与生产时的加工时间相比，前者通常达到后者的几百倍之多。因此为了减少库存等方面的浪费，就必须改善和提高搬运的质量。

▶——工序间搬运的原则
考虑到搬运量和时间，搬运方法有四种组合方式。

当采取后道工序领取方式时，工序间搬运以"定量不定期搬运"为原则。即按照生产速度，用完了一定数量之后再去领取。这与"在必要的时候，仅以所需的数量生产（搬运）所

时期 \ 量	定量	不定量
定期	④定量定期搬运	②定期不定量搬运
不定期	①定量不定期搬运	③不定期不定量搬运

①定量不定期搬运

该搬运方法遵循了"在必要的时候，仅以所需的数量生产（搬运）所需的物品"的原则。

②定期不定量搬运

方法①以数量为基准，而这种搬运方法则以时间为基准。

③不定期不定量搬运

这种方法仅以自身所负责的工序为中心，在自认为合适的时间领取自认为合适的数量，所以不可取。

④定量定期搬运

虽然在一切物品都按照一定的速度进行生产的理想状态下，这种方法可以成立，但由于实际当中会发生物料的过剩或不足，所以并不现实。

图4-14 工序间搬运的方法

（备考）
　　如果把上图中的"搬运"替换为"订货"，就得出了库存管理时关于订货方法的思路。比如把②定期不定量搬运中的"搬运"一词换成"订货"，就成了定期不定量订货。下一小节将对库存进行说明，如果站在拉动式生产的角度思考，就相当于后道工序进行"订货"并"搬运"。

157

需的物品"的思路一致。

然而，作为现实中的问题，在实际搬运时，常常退而求其次，采取"定期不定量搬运"的方式。因为如果工序的间隔距离很远，或者在供货商与工厂之间进行搬运时，不定期方式将导致物流作业无法实施或卡车无法排班。于是，由于大家平时都习惯了这样的"定期(定时)"方式，所以往往会误以为这便是搬运的原则。

▶──工序间搬运的条件与方法

以下所示的几种方法，可以更有效地实现准时化生产中的工序间搬运。

- 高频少量的信息传达、高频少量的搬运(多次搬运)
- 少量多品种搬运(混装搬运)
- 从生产线附近的零部件放置场所领取(多次搬运、直接搬运)

4-15　物料与信息的流动（6）
库存

为了做好准时化生产，持有合理的库存并加以管理非常重要。图4-15表示采取后工序拉动前工序的方式时，各道工序的物料量变动。在后工序拉动前工序的生产方式中采取"后补充生产"的方式，即后道工序从产品库存中领走多少产品，生产线上就生产多少加以补充。各工序上的各种数量大致如

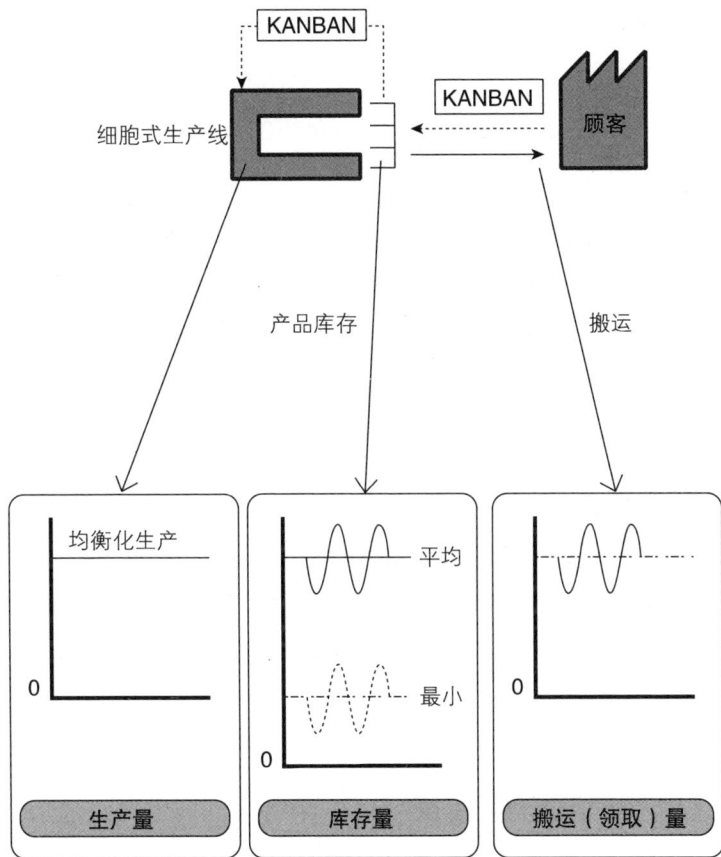

图4-15　如何看待库存

下所示。

搬运（领取）量

后道工序(顾客)随时会发生需求变动,用这一变动向前道工序发出订货指示。在使用 KANBAN 时,以控制在±10%以内为准进行调整,但往往会有超出生产线能力的需求变动。

库存量

细胞式生产线上,需要具备一个化解需求(领取)变动的机制。一般采用 2-22(65 页)中介绍的缓冲来应对,当时间或能力不足时,要以物料作为缓冲。因此,产品库存的持有量必须足以化解后道工序的变动量。在图 4-15 中,没有考虑到生产的交付周期等因素,但必须留有余地、持有最小库存量,否则无法灵活应对后道工序的领取活动。其中,所需库存的基准量取决于细胞式生产线的实力。当采用 KANBAN 管理时,应增加 KANBAN 的派发张数来管理产品库存量。

生产量

产品库存被领走了多少,就进行相应数量的"后补充生产"。如果直接生产变动量,不但难以配置生产线人员或安排加班,还会在零部件采购等方面出现问题。应该加强和完善生产指示,以保证均衡化生产。

4-16 物料与信息的流动 (7)
推动型体系

为了让细胞式生产体系充分发挥作用,必须站在整个工厂的大局上,构建一套辅助生产线的系统(机制)。在本章 4-10 至 4-15(147 页~158 页),以后工序拉动前工序型为中心

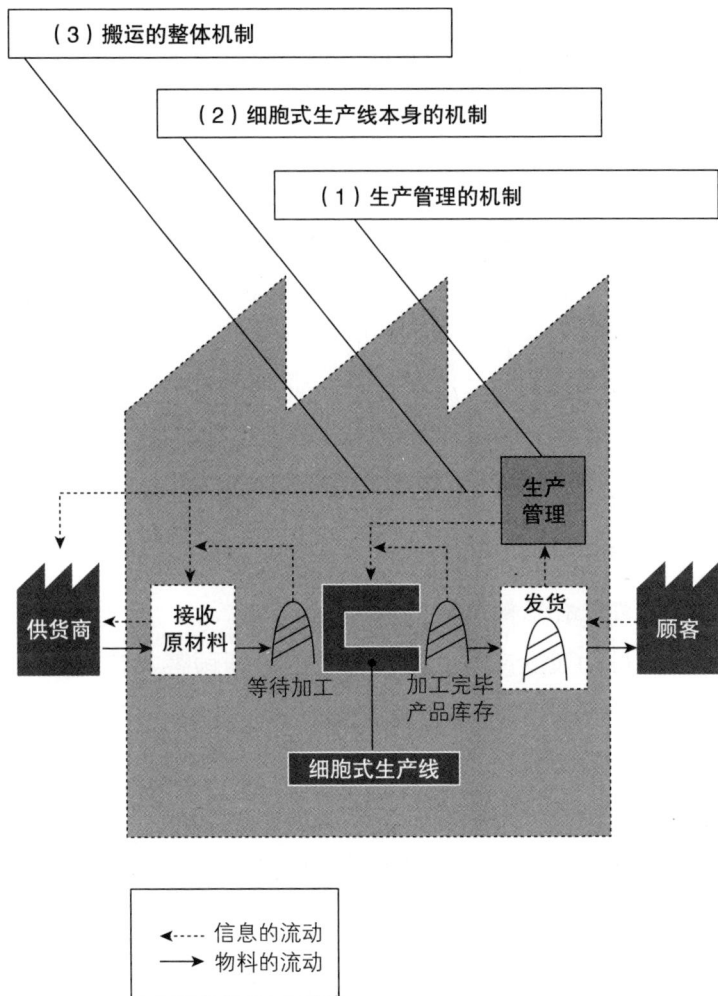

图 4-16　物料与信息的流程图（推动型生产方式）

对其进行了说明。在本小节，将对推动型生产方式进行简单的说明，如图 4-16 "物料与信息的流程图" 所示。

为了更好地发挥细胞式生产线的作用，推动型生产方式也需要构建一套整个公司的体系，下面就来具体思考一下几个项目。

（1）生产管理的机制

·顾及到生产交付周期的材料、零部件准备机制

·顾及到各道工序交付周期的生产指示机制

（2）细胞式生产线本身的机制

·发生异常状况时的机制

·告知异常状况的安灯等

·根据需求变动来更改人员安排的机制

（3）搬运的整体机制

·零部件补充搬运及产品搬运的机制

采用推动型生产方式时，也应该根据顾客或市场的购买信息，坚持"现在只生产必要的东西"的理念。如果采用推动型生产方式时不采取任何管理，就会不断产生浪费。在有多个阶段的工序中，也有集中由初始阶段统一传递物料和信息的方法。此时需要想办法提高管理程度，或者采用在工序过程中持有库存等方式，保证物料和信息的流动顺畅及均衡化。而在拉动型生产方式中采用 KANBAN 时，也有同时采用从前方直接传递物料和信息的情况。不管是什么形式，重点都在于如何做到缩短交付周期。

专栏④　一辈子才降低了一次库存

当我们说到"库存管理"时，马上就会谈到"最大、最小的控制级别如何如何"。这虽然没错，要是管理得好自然再好不过，但实际上其中是有陷阱的。

在笔者还是一个新手时，曾接受过有关库存的指导。我的指导老师说道："评价库存的时候，人们在前一天晚上先把库存减少，然后第二天再报告说存货很少。其实这么做没有任何意义。"在这种情况下，就算把库存减少了，降低库存的费用效果也就单单这么一次。他管这叫"一辈子就只达到了一次效果"。

降低库存的本来目的，在于用较少的库存先"试水"，如果产生问题就制定相应对策，然后再去改善制造现场。所以也有人说"库存不过是结果而已"。意思是说，正因为通过分析库存可以了解制造现场的实力，所以才会说"库存过多"或者"库存过少"。正因为库存级别能够反映生产线实力，所以才要看库存的多少。

所以，如果在当前生产线能力还不足的情况下削减库存，就会出乱子。曾经有这样的案例——库存无法满足后道工序的需要，总是出现断货情况，但库存报告却说没到控制级别，不存在问题。

必要数量的库存是必须持有的。应该在此基础上，以构建能够以最小库存（最终实现零库存）制造产品的生产线为目标。持有库存的目的应该在于缩短交付周期。所以要本着消除生产线上的停滞状况、实现整体优化的思路，掌握能够应对顾客需求的真正实力。

163

笔者在上文中提到的库存指导老师或许是想传达这样的意思——单纯讨论库存没有意义，关键在于生产线的真正实力及是否认真进行改进。推行削减库存的活动不是为了"一辈子就只达到一次效果"，关键在于要追求无法马上直观看到的长期效果——比如成功削减库存的各种活动所产生的效果或有效利用了现金流的效果等。

我们不应该拘泥于"库存太多、太少"等表面现象，而应以掌握以低成本、高速度生产优质产品的实力为目的，不断追求企业的理想形态。这才是库存管理的意义所在。

第 5 章
细胞式生产的运作、维护、强化

5-1 细胞式生产车间的活动

为了更好地运作、维护和强化细胞式生产活动，要把质量管理、成本管理和工序管理作为生产管理的支柱，这也等于是提高需求上的三要素——"质量 Q（Quality）、成本 C（Cost）、交货期 D（Delivery）"。以提高 QCD 为目标，在生产车间必须推行维护与管理"生产五要素"——人、材料、机械、方法、资金的活动，并发挥人才资源的作用。

▶——细胞式生产车间的管理

质量管理手法（5-2，168 页）
成本管理手法（5-3，170 页）

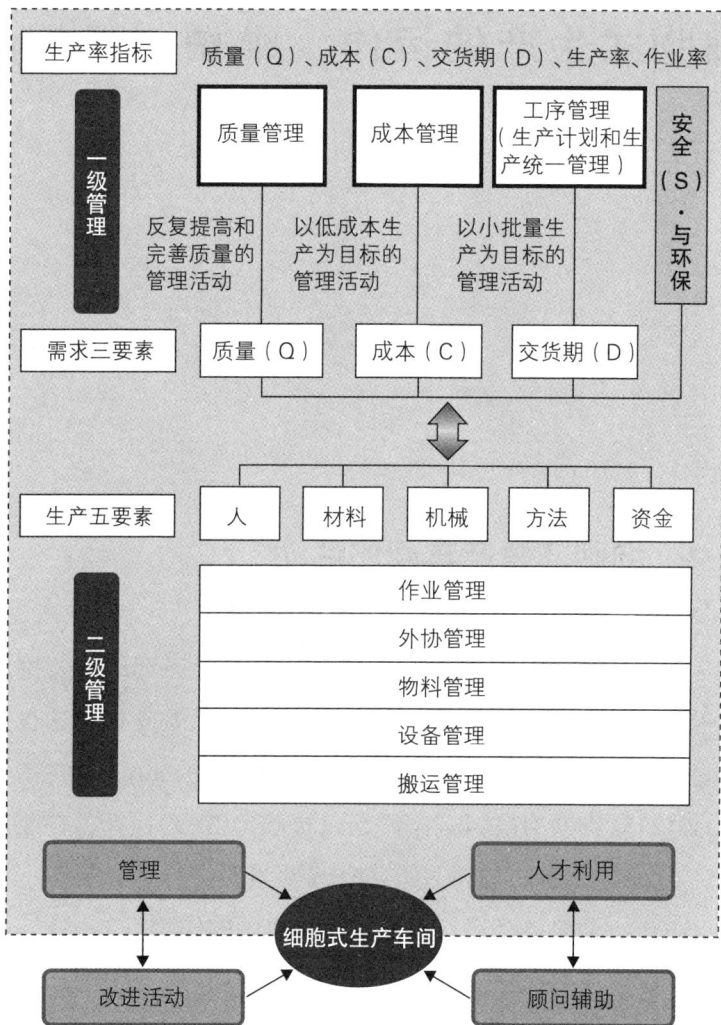

图 5-1　各种生产活动的定位

工序管理手法(5-4，170 页)

5-2 细胞式生产车间管理（1）
质量管理手法

细胞式生产的质保活动是全公司范围的活动。确保顾客所要求的质量的活动理应放在最优先考虑的位置。本小节将从以下两个要点来说明细胞式生产线的质量管理手法。

►——以工序来反复提高和完善质量

如在第3章和第4章中所阐释的，对于细胞式生产线而言，在工序中反复完善和提高质量的观念非常重要。要运用自働化的理念构建生产工序中的软件和硬件。设备和工序要考虑到如何防错，应导入当发生异常状况时能让生产线彻底停工或准确报告异常的机制。而且应该尽可能地努力在前道工序检查出问题，不把不良品送到下一道工序，并以全数检查的方式保证产品质量。

► ——从事后活动转为事前活动

当在细胞式生产线上出现不良品时，应该分析其产生原因，反复问五次"为什么"，追查"真正原因"。如果不追查真正原因并找出对策，将会再一次出现不良品，从而形成"慢性不良"。所谓的"慢性不良"，说到底其实就是没有认真采取对策的结果。对不良品进行分析时，要灵活使用 QC 七大工具。为了防止再次产生不良品，要结合实际情况并适时借助顾问

细胞式生产线

在工序中反复提高和完善质量（Q）防止不良品外流

自动化	防错	全数检查
	发生异常时自动停止的机制	
	告知异常的机制	

事后   事前

出现不良品	防止复发
分析不良品产生的原因	
追查真正原因	

| 防患于
未然 | 生产管理 |
| | 生产条件 |
| | 各类标准 |

强化目视管理

管理手法、工具

QC七大工具

直方图	层别法
散布图	检查表
柏拉图	管制图
特性要因分析图	

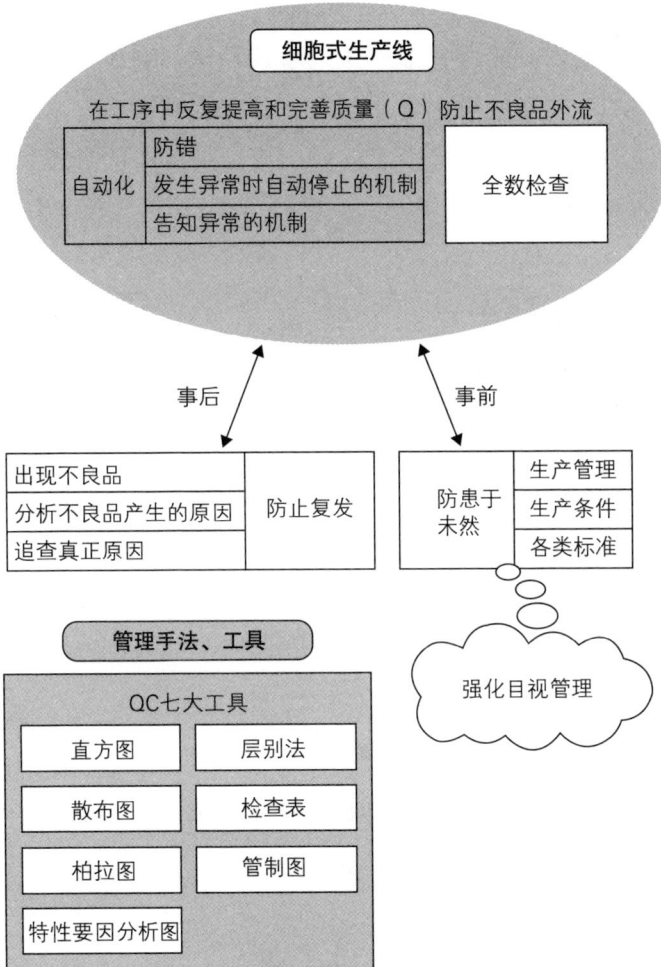

图 5-2　细胞式生产线的质量管理活动

169

的力量来构建更优秀的生产线，这种态度非常重要。

近年来，越来越多的企业把"零不良品"作为目标。为了实现零不良率，必须把产生不良品后再找对策的事后活动，积极地转变为预防不良品产生的事前活动。必须建立起一套机制——既能通过稳定生产条件、彻底完善各类标准等方式明确标准作业，又能通过灵活应用目视管理及时地掌握生产线内外的异常状况。

5-3 细胞式生产车间管理（2）
成本管理手法

成本管理是指对成本进行分析，并将结果有效应用于公司管理的活动。细胞式生产中的成本管理活动主要是指在量产阶段维持成本并加以改进的活动。如果伴随着生产活动的各种资源能得到合理分配，就能获得利润。这也是成本管理的目的所在。

▶——成本结构与利润

图 5-3 展示了简化后的成本结构概念图。

成本可以表示为：成本＝售价–利润。

要降低成本内各项目的值，可以采取如下所示的方法。

劳务费：削减工时、推行省人化

设备费：缩短设备运转时间

能源费：防止漏气、采用特殊装置发挥设备的余力——

细胞式生产线

降低成本（C）

强化目视管理

管理指标

不良品率、工时、运转率等

成本结构与利润

利润

进行改进，消除浪费

售价

成本

劳务费	······ 削减工时、推行省人化
设备费	······ 缩短设备运转时间
能源费	······ 防止漏气、采用特殊装置发挥设备余力
辅料费	······ 降低库存、变更材质
管理费	······ 削减经费
零部件与材料费	······ 降低库存，提高成品率，变更材质

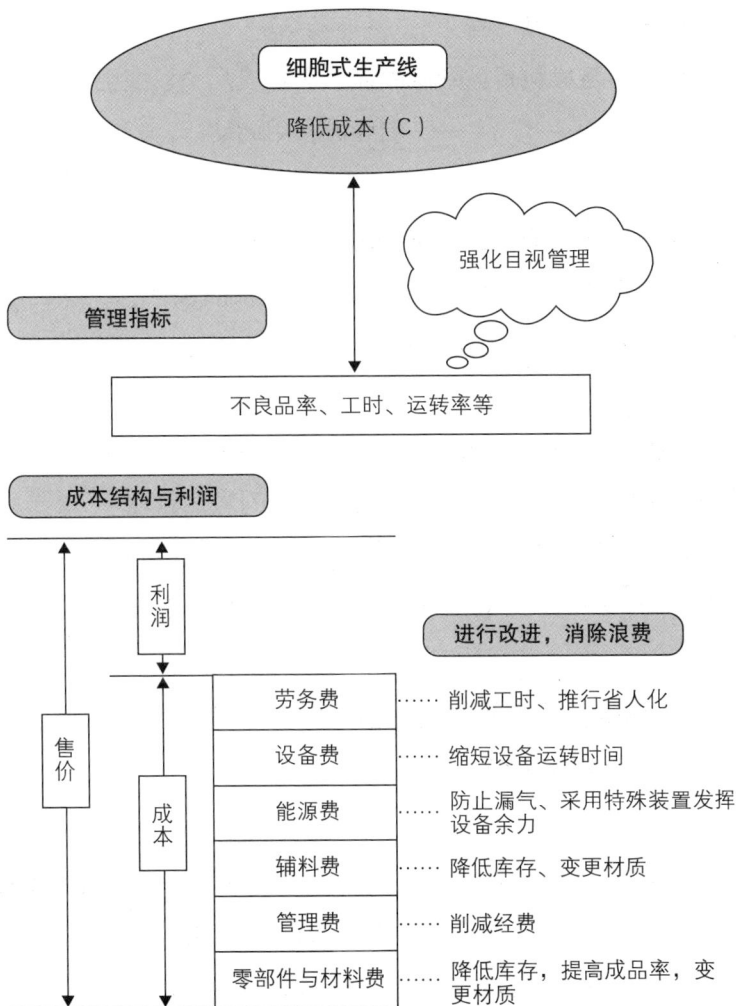

图 5-3 细胞式生产中的成本管理活动

节能活动

　　辅料费：降低库存、变更材质

　　管理费：削减经费

　　零部件与材料费：降低库存、提高成品率、变更材质

　　　　　　　　　　——循环再利用活动

▶ ——细胞式生产的要点

　　○成本的高低在很大因素上取决于产品设计，所以设计、生产技术和生产等相关部门应该团结合作，共同研究生产方法。

　　○推行改进活动时，要在应用不良品率、工时、运转率等管理指标的同时，实现能以数值表示的量化管理。

　　○开展降低零部件与材料费用的活动时，应该与供应商共同努力，并对其进行质量和生产方法的相关指导。

5-4　细胞式生产车间管理（3）
　　工序管理手法

　　在采用细胞式生产方式从事生产制造时，无论企业规模大小，作为辅助生产计划和统一管理生产的工序管理工具，电脑都是必不可少的。本小节将对 MRP 系统(如图 5-4 所示)进行简要的说明，这一体系是实现更短的生产交付周期并以较少的库存量保证交货期(D) 的基础。

172

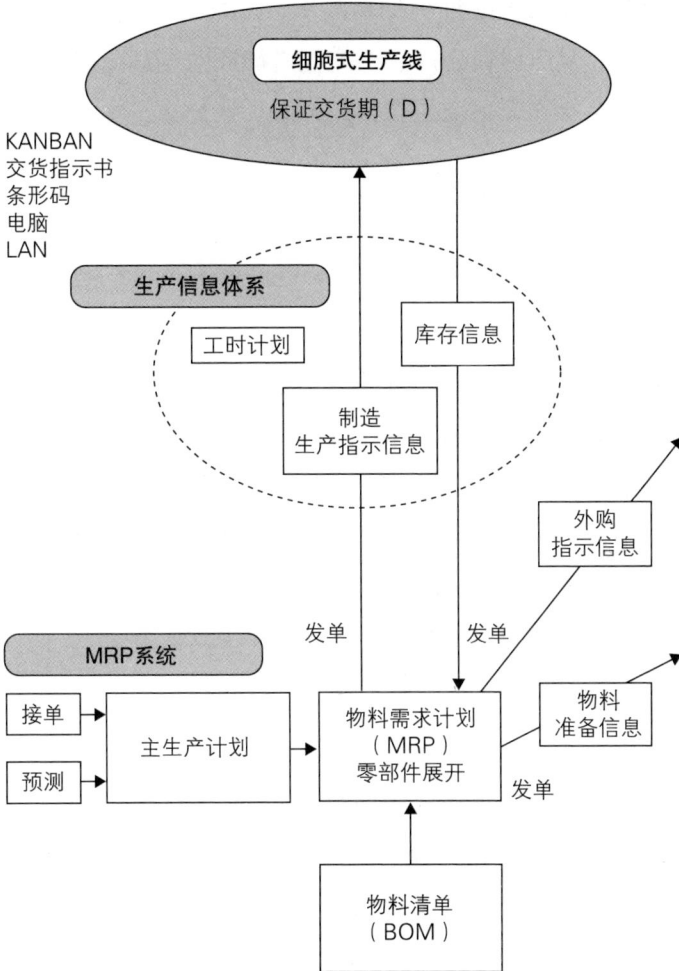

图 5-4　辅助工序管理的工具

KANBAN
交货指示书
条形码
电脑
LAN

细胞式生产线
保证交货期（D）

生产信息体系

工时计划　　库存信息

制造
生产指示信息

外购
指示信息

物料
准备信息

MRP系统

接单
预测

主生产计划

物料需求计划
（MRP）
零部件展开

发单　　发单　　发单

物料清单
（BOM）

▶——MRP （ Material Requirements Planning：物料需求计划 ）

面对产品的多品种小批量需求，MRP 以时间为基准，使用计算机对从原材料到产品的流程进行适时与适量的管理。

①用主生产计划决定在什么时间生产什么、生产多少。

②使用 BOM （Bill of Material：物料清单） 把构成产品的装配件、零部件及原材料展开，并计算需求量。

③再加上库存及半成品信息，计算净需求量后发单。

▶——可以期待的效果

○能灵活适应顾客的多品种小批量、变种变量的产品需求，易于物资采购

○通过单极管理降低库存，限制信息的过早流出

○通过零部件的标准化和通用化削减管理费用

○以生产计划和生产实际状况构成生产信息系统

○与工时计划有机联系起来，以此调整人员

▶——MRP 与 KANBAN

MRP 基本站在推动型生产方式的角度处理问题。不过，在拉动型生产的 KANBAN 体系中，基于与 MRPII(制造资源计划，将 MRP 的理念进一步发展，综合地对整个生产管理进行计划管理的系统) 相同的思路，似乎也把 MRP 用作内部计划。在实际的生产现场，把 KANBAN 作为细微调整的手段。

174

5-5 细胞式生产车间管理（4）
设备管理手法

采用细胞式生产线是为了更好地实现 QCD，因此必须保证设备在需要运转的时候能够正常工作。

▶——维护设备的目的
Q：减少不良品的产生

C：减少维修费用，降低制造成本

D：减少推迟交货的情况发生

S：保证作业人员的安全

C、D：减少因设备故障导致的损失

▶——运转率与可动率
运转率是指"在一定时间内的生产能力数之中，后道工序所需的比率"。因此这一比率会随着后道工序的需求（拉动）而发生变化。而可动率是指"当需要运转设备时，设备可以正常工作的比率"，它显示了设备的实力，最理想的情况是达到100%的可动率。

▶——设备的维修方式
设备的维修方式最早始于事后维修和预防维修，后来从美国导入了生产维修（Productive Maintenance，简称 PM）的方

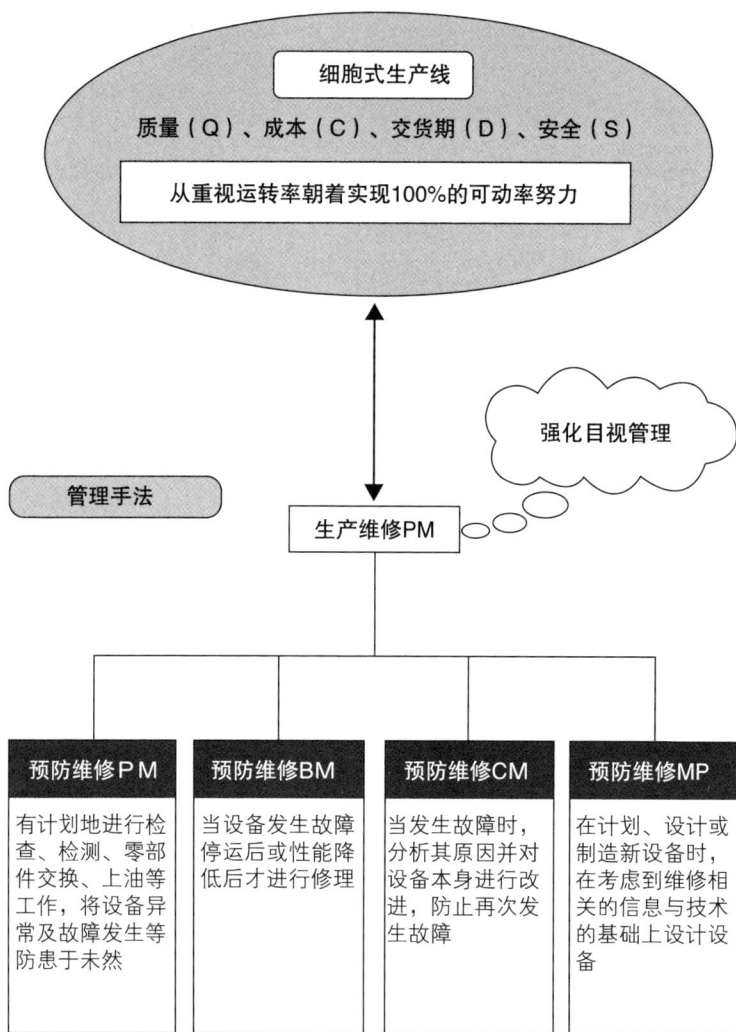

图 5-5　细胞式生产线的设备管理活动

式，由此发展为改良维修和维修预防。关键在于制造易于维修的设备。

▶——日常维修的作用

在细胞式生产线上，由作业人员每天清扫机器及进行日常性检查是机械维修的第一步。不必说，作业人员每天都与机械打交道，所以最容易尽早发现机械的异常。

▶——机械停运时的规定

应明确相关的规定，即当机械发生故障时，作业人员通过安灯等告知监督人员，并呼叫维修人员。

5-6 细胞式生产车间管理（5）安全管理

安全管理应该放在第一位，零灾害是细胞式生产车间的绝对目标。在此需要注意，安全是在生产活动中使用人、物料、机械等各种资源时产生的一种结果。换言之，生产机制内所包含的各种因素都可能导致不安全的结果。

▶ ——海因里希法则

海因里希法则是一条有关劳动灾害发生概率的经验法则。美国人海因里希对众多灾害案例进行统计分析后得出结论："每发生 1 起重大灾害（重伤或死亡）事件，其背后就有 29 起

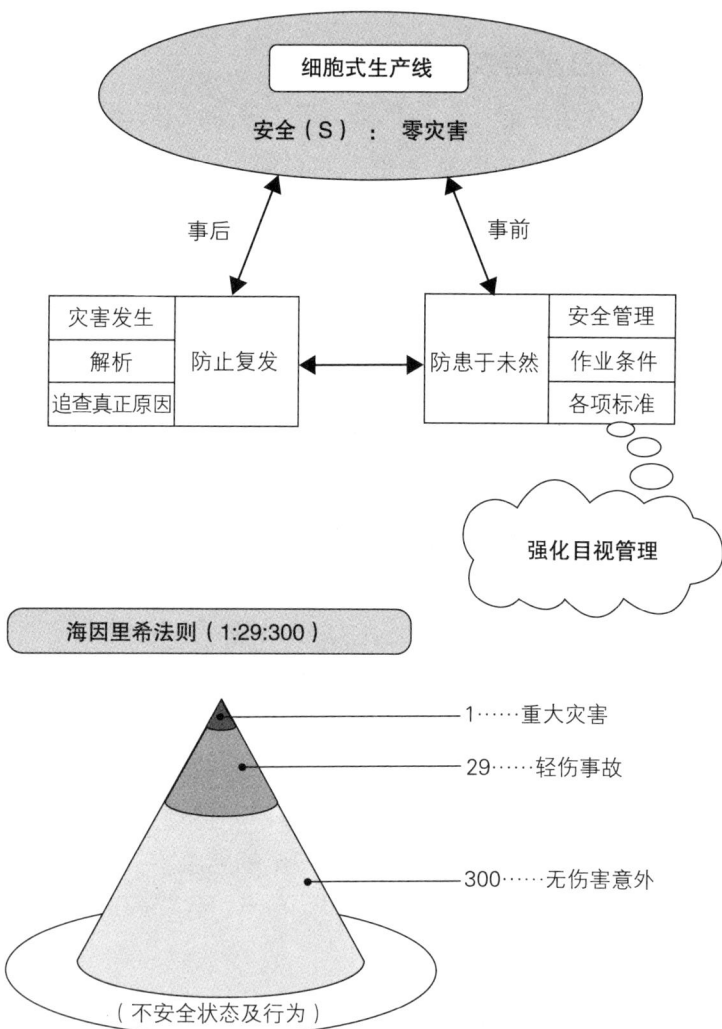

图 5-6　细胞式生产线的安全管理

轻伤事故和300起无伤害意外事件。"并且还大量隐藏着低于无伤害意外等级的隐患或未被意识到的不安全状态及行为。

为了防患于未然，避免随时都有可能发生的灾害，就必须认识到这些不安全的状态或行为，并在无伤害意外的阶段切实地采取对策。

▶——安全管理的要点

○定期的安全监测、安全巡视：灵活利用安全检查清单

○推行整理与整顿

○张贴安全规定，编写操作指南并切实实施

○重新修正安全作业方法并推行标准化

○设置安全设备：灵活利用保护栏、安全开关等

○通过对无伤害意外的报告、改进和采取相关措施来防止复发

○实施安全培训、开展危险预知训练(KYT) 活动

○追查无伤害意外的真正原因，采取切实对策以防止复发

5-7 细胞式生产车间管理（6）
目视管理

目视管理，是对能看出工序、设备、作业方法、物料等是否正常的管理方法进一步标准化后得出的一种方法。市面

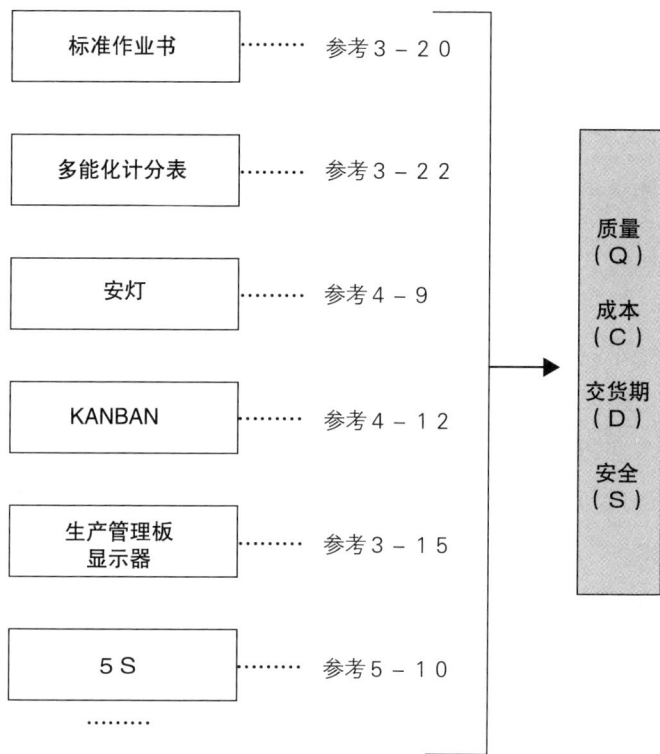

标准作业书	⋯⋯⋯ 参考 3 – 2 0
多能化计分表	⋯⋯⋯ 参考 3 – 2 2
安灯	⋯⋯⋯ 参考 4 – 9
KANBAN	⋯⋯⋯ 参考 4 – 1 2
生产管理板 显示器	⋯⋯⋯ 参考 3 – 1 5
5 S	⋯⋯⋯ 参考 5 – 1 0

质量（Q）成本（C）交货期（D）安全（S）

图 5-7　目视管理工具示例

上也推出了很多以"可视化"为关键词的相关书籍。我们应该根据目视管理（如下文所示）的定义，理解其目的在于"明确是正常还是异常"，而不要仅停留在单纯张贴文件和标识的水平上。

180

▶ ——目视管理的定义

在《丰田管理方式》(大野耐一著，钻石出版社，1978 年)一书中对"目视管理"作了如下阐述："'自働化'的作用在于一旦发生异常状况，就停止生产线或机械的运转。这一思路的基础在于明确什么是正常状况，什么是异常状况。(中略)在导入了丰田生产方式的生产现场中，'目视管理'得到了贯彻实施。"

▶ ——目视管理的工具

前面的章节中所介绍的以"标准作业书"为代表的种种管理工具和道具(如图 5-7 所示)，都可以帮助我们判断目前的生产状况究竟是正常还是异常。

在此，对作为目视管理工具之一的"KANBAN"进行补充说明。KANBAN 的作用是作业指示工具。在这一基础上，当彻底遵守了实物与 KANBAN 必须一对一结合在一起使用的规定时，KANBAN 还将发挥以下几条目视管理的功能：①了解标准作业的遵守状况；②掌握本道工序的能力程度；③掌握本道工序的库存状况；④掌握本道工序的人员安排的合适程度；⑤掌握后道工序的作业进展状况；⑥掌握后道工序的紧急程度＝本道工序的优先顺序。由此可以看出，使用目视管理的工具时，严格制定规则并坚决遵守的话，将获得更好的效果。

181

5-8　细胞式生产车间的改进活动（1）
　　　　如何推行改进活动

在推进细胞式生产的改进活动时，决定改进的方向非常重要。作为一个大的主题，应该摸清企业所处的环境，并对企业管理的众多课题排出优先次序，从最应该解决的问题入手，从而推行改进工作。

▶ ——推行改进活动的步骤

①描绘企业应有的形态（理想与目标）。

②设定阶段性目标（近期内应实现的形态，里程碑）。

其中，要设定最终日程和具体数值。例如选择生产率、不良产品率、搬运频率等可以评估的项目。

③明确现状（现在）与阶段性目标之间的差距。

④把差距看成一个个小课题和问题的堆积，并将其分解成一个个具体的改进方案。

⑤对于改进方案，要规定实施部门和制定推行日程等，从而实行进程管理。要由公司上层领导每次亲自实施对于进程的检查。

▶ ——具体的推行方法

应该具体地说明改进的方向，这是为了明确阶段性目标和时期。有人说，在推行改进工作时，不一样的领导者可能

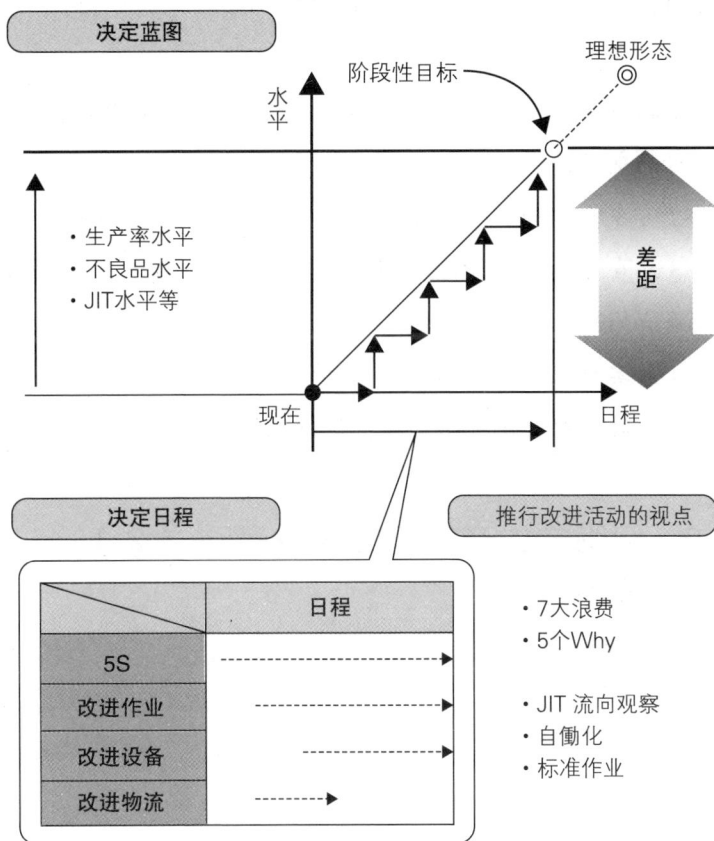

图5-8 改进的步骤

【一句话专栏】为目标而努力的姿态
过去在国外某公司，一个听不懂日语的当地员工看到笔者在和一位日本同事交谈，听说他后来跟别人说我们两个当时在吵架。其实我们两个人不过是就这一车间应该做什么改进、应该树立什么目标等问题在"安静地"交换意见罢了。

会有不同的指标。其实，企业应有的理想形态是不变的，只是在过程中分步实现的目标不同而已。笔者个人重视以下几个要点。

①推行改进工作时，要站在全局优化的角度考虑，不能只进行局部改进。

②首先要贯彻5S，特别是其中的2S（整理、整顿）。

③站在全局角度观察物料的流动。如果出现库存积压，就说明有问题。

④落实标准，并仔细观察分析，由此可以找出新的改进点。应该时刻对变化做出反应，仔细观察其形态。

5-9 细胞式生产车间的改进活动（2） 浪费

站在 IE(Industrial Engineering，工业工程）的角度来看，改进作业的着眼点可以归纳总结为图 5-9 所示的几个方面。细胞式生产中的改进活动基本上基于作业人员的动作经济原则，要分别对各项要素进行调整。至于在实际中能不能拿出改进方案，则需要积累一定程度的经验及通过训练来提高观察分析的能力，这些相关活动都非常重要。

在丰田生产方式中，浪费是指"产生不了附加价值而只会提高成本的各项生产要素"。

同时，对"7大浪费"还做了如下说明。

根据动作经济原则，通过改进动作的方式，对作业方法、设备及工具进行改进
1.分解动作第1类（作业所需的8种动作）：拉伸、抓握、搬运、放置、组合、分解、使用、定位
2.分解动作第2类（导致作业减速的5种动作）：寻找、搬运、调查、冗长的开场白、思考→应减少
3.分解动作第3类（作业时不需要的4种动作）：拿着不放、无法避免的延误、能避免的延误、休息→应消除

通过ECRS的观点发现问题
1.剔除（Eliminate） 2.合并（Combine）
3.重排（Rearrange） 4.简单化（Simplify）

通过标准化（3S）的观点改进材料、工具及作业方法
1.简单化（Simplification） 2.标准化（Standardization）
3.专业化（Specification）

【消除一切浪费】
检查作业工序中是否存在超负荷、浪费及不平衡的问题。

丰田生产方式中的7大浪费
①生产过多的浪费 ②等待的浪费 ③搬运的浪费 ④加工本身产生的浪费 ⑤库存的浪费 ⑥动作的浪费 ⑦生产不良品的浪费

图5-9 改进作业的着眼点

【一句话专栏】谈"浪费"

日语的"浪费"（发音为"muda"）一词已经收入了英语辞典。同时，麻省理工学院的沃马克（J.Womack）教授等人研究了丰田生产方式，在7大浪费的基础上又加上了"不符合顾客需求的服务"这一项，并使用"精益（Lean）生产"一词在欧美进行推广。至于"Lean"的意思，笔者手边的辞典给出的解释是"苗条的、清瘦的、无脂肪的、肌肉结实的"。

①**生产过多的浪费**

指后道工序生产不需要的物件而导致的浪费。生产过剩会掩盖住各种问题，所以这也被称为最糟糕的浪费。一个浪费会接二连三地导致新的浪费。

②**等待的浪费**

指作业人员在干等着物料送过来的时间里什么也不干而产生的浪费。

③**搬运的浪费**

指多余的搬运作业导致的浪费。

④**加工本身产生的浪费**

指不产生附加价值的加工导致的浪费。

⑤**库存的浪费**

指持有超出需要的材料、零部件、半成品、成品库存而导致的浪费。

⑥**动作的浪费**

指不产生附加价值的动作导致的浪费。比如换手拿物品等。

⑦**生产不良品造成的浪费**

指生产废品或次品导致的浪费，以及修补不良品导致的浪费。

5-10　细胞式生产车间的改进活动（3）
　　　5S

5S 是从事生产制造活动的基础。也有人说，改进工作首

5S	要点
第1个S——整理： 明确分清需要的和不需要的，扔掉不需要的东西	首先必须做到让任何人都能一眼看出哪些是不需要的。 典型的方法是红牌策略。
第2个S——整顿： 把有用的东西认真摆放以方便使用，并标清记号。让所有人都能一目了然	只考虑外观美观的摆放方式算不上整顿，而只是"陈列"而已。自己身边应该只保留用得到的东西，并对物品摆放方式采取标准化。 典型的方法是KANBAN表示法。
第3个S——清扫： 经常打扫，从而保持机械、工序和工厂的整洁有序	机械设备要在清扫的同时进行检查，一定要把"清扫检查"作为一套工作步骤固定下来。
第4个S——清洁： 即维持整理、整顿、清扫的成果	因为设备被油或灰弄脏了而进行打扫的行为叫做"清扫"；保持这一良好状态的行为叫做"清洁"。
第5个S——素养： 即掌握4S，养成时刻正确遵守规章制度的习惯	管理人员要让员工遵守工作上的规定（见面问好、穿戴整洁、保持清洁、安全作业等），如果员工没有好好遵守，应该本着为员工着想的心态严加指教。

图 5-10　什么是 5S

187

先要从5S做起。笔者在步入社会后，一直以为推行5S理念是理所当然的，但也有一些国家不这么想。日本制造业培养出来的人，如果看到工厂里有垃圾落在地上，总会下意识地捡起来。

▶——5S 的定义

5S 是指日语发音以"S"开头的 5 个词：整理（Seiri）、整顿（Seiton）、清扫（Seiso）、清洁（Seiketsu）、素养（Shituke）。

近几年来，甚至还有人把习惯（Shukan）加进来，组成6S。在此，素养（Situke）可以看做是站在监督管理人员的角度看问题，而习惯（Shukan）则是站在作业人员的角度看问题。此外，笔者当年学习5S的时候，第 3 个"S"与第 4 个"S"的顺序颠倒，即第 3 个"S"为"清洁"，第 4 个"S"为"清扫"。不过在本小节，按照先进行整理、整顿和清扫后再保持清洁的意思，把清扫放在前面。

▶——推行 5S 的方法

推行5S活动后的结果全部都应该成为标准。应该将其作为放置物料的方式、物料数量、清扫方法等问题的标准，在全体成员遵守的基础上不断修订，使其成为更好的标准。5S活动应该从上层领导做起，以全员参加的形式开展。

▶——改进首先要从第 2 个 S 做起

人们常说改进首先要从第 2 个 S 做起。之所以这样说，是

因为经过整理后，多余的东西会消失，接着再进行整顿后，
物料的状态就成为了标准，于是谁都可以区分出正常与异常。

然后在形成标准化的状态下，才能够找出 7 大浪费并采
取对策。通过保持并坚持 5S，可以消除浪费、推进改进工作，
从而打造一个具有"强健体魄"的细胞式生产车间。

5-11　细胞式生产车间的改进活动（4）
　　　　观察流转状况

站在全局优化的角度思考如何推行改进活动时，一定要
从整体上观察物料的流转状况。"观察流转状况"也就意味着
把准时化生产作为目标。要以缩短交货期为目的，力图缩短
整个制造车间的交付周期。

▶──如何观察流转状况
应该做到观察"物料"和"信息"两方面的流转状况。只要
哪里出现了物料和信息的停滞，就一定会出现库存积压等后果。

▶──使流转畅通的条件和妨害因素
要想在生产中制造出一条顺畅的"流"，关键在于要把包
括生产和物流在内的全部工序按照顺序排列起来。大体来说，
生产工序的均衡化和工序间的同步化是创造顺畅的"流"的
条件。

189

制造顺畅的"流"的条件与改进示例	妨害流转的因素 （改进项目）
1.生产的均衡化（工序稳定化） 　•　"一个流" 　•　（减小批量） 　　　　　①改进换模换线 　•　多工序作业、多能化 　•　合格品率100% 　•　可动率100% 2.工序间的同步化 　•　按工序的顺序排列设备 　　　　　①设备小型化 　　　　　②流水车间型布局 　　　　　（生产线） 　　　　　③直线化 　　　　　④工序连接 　•　搬运与制造同步 　　　　　①缩短工序间距离 　　　　　②废除使用AGV	半成品库存 批量生产 换模换线时间过长 单能工 坐着作业 不良产品 设备屡次停工 作业车间型设备布局 孤岛 工序间库存 无计划的搬运

图5-11　创造顺畅的"流"的条件和妨害因素

【一句话专栏】有些词从未听说过
　　一跨入制造业，就会遇到无数个"从未听说过的词"。比如笔者就曾听人说过"把这个弄正"，当时完全不知道是什么意思。四处查资料却一直不得其解，直到最近看到一篇文章里写着"正（标准）"，才明白是什么意思。
　　为了在人与人之间形成共同的认识，词语发挥着重要的作用。不过以丰田生产方式的专业词汇为代表，要想记住制造业中使用的各种术语，可是要花上一番工夫的。

生产的均衡化

在生产线上，要通过标准作业来设定工序内的标准持有量并进行作业，但如果存在妨害均衡化的因素，就会导致工序出现不稳定。以下手段可以稳定工序：

· "一个流"　·多工序作业、多能化　·站立作业

·合格品率 100%　·可动率 100%

如果存在妨害上述手段的问题，就要加以改进。

工序间的同步化

工序间的同步化有两个条件，即：

·按工序的顺序排列设备　　·搬运与制造同步

多余的库存等会妨害工序间的同步化，应该将其作为缩短交付周期的改进点加以解决。

5-12　细胞式生产车间的改进活动（5）改进作业

本书在第 3 章 18~21 小节(111 页~118 页) 曾介绍过如何制定标准作业，这些都是推行细胞式生产作业改进活动的前提。

▶——改进步骤

⓪"表准"（表面的标准）和"标准"（木字旁的标准）作业

"表准作业"指当下的作业人员的动作以及机械的运转。

191

改进需求 ……… 明确现状

表准作业 ……… 编写表准作业

通过反复
作业发现
浪费 ……… 提炼标准作业中的浪费作为需
改进的问题点

追查原因 ……… 提炼问题

改进 ……… 改进问题

标准作业 ……… 编写标准作业

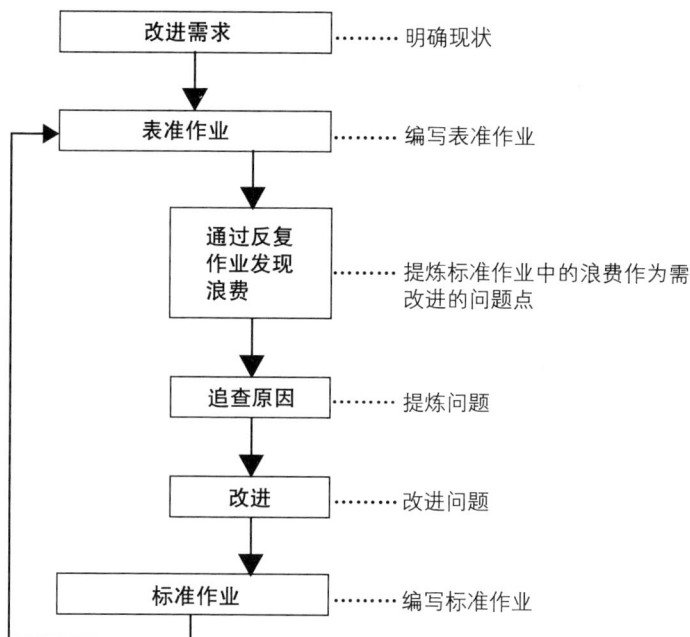

图5-12 通过标准作业改进作业

【一句话专栏】一提到改进，总忍不住想马上调整设备……
在推行改进活动时，有一个很重要的思想，借用丰田生产方式的创
始人大野耐一的话："改进先要改进作业，然后再改进设备。"通过
对作业的改进，可以解决绝大多数的问题。而改进设备不但要花费资
金，而且一旦做出改变就很难推倒重来，所以应该把改进设备放到后
边去考虑。当优先考虑改进设备时，往往会发现设备的改进跟不上作
业方式的实际变化。这是笔者的经验教训。

"标准作业"指改进现有的表准作业及问题点，并推行高效的
标准化作业方式。

①改进需求

192

要明确需求及目标，比如生产数量变更导致生产节拍发生变化，所以必须重新编排工序等等。

②表准作业

调查按照既定标准实施的作业，编写当前的各工序能力表、表准作业组合表及表准作业表。

③追查原因

提炼标准作业中的浪费作为需改进的问题点。

④改进

对存在问题之处进行改进。

⑤标准作业

编写新的标准作业。回到第②步。

⑥改进作业

对表准作业的三张表进行解析，就能发现隐藏的浪费。例如可以明显看出无意义的步行移动或中间库存。接下来仔细观察实际的作业，就能发现在 5-9 小节（第 184 页）中所介绍的浪费。

5-13　细胞式生产车间的改进活动（6）
改进物流

细胞式生产中的物流改进步骤基本与上一小节所阐述的作业改进相同。

```
┌─────────────────┐
│    改进需求      │········ 明确现状
└─────────────────┘
         │
┌─────────────────┐      搬运三要素：搬运工作量、
│    表准作业      │········ 搬运路径、搬运日程。参考
└─────────────────┘      4-13（第154页）
         │
┌─────────────────┐
│  通过反复作业    │
│   发现浪费       │
└─────────────────┘
         │
┌─────────────────┐      物流改进的观点
│    追查原因      │
└─────────────────┘      ○消耗率
         │              ①货量均衡化
┌─────────────────┐      ②便于取放
│     改进         │      ③减少重体力作业及搬运工时
└─────────────────┘      ④灵活利用援助机制
         │
┌─────────────────┐
│    标准作业      │
└─────────────────┘
```

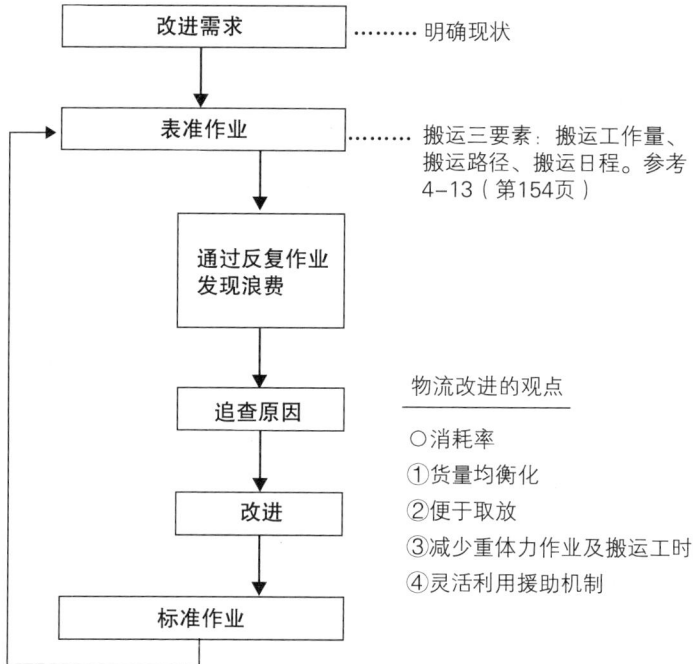

图5-13　通过标准作业改进物流

IE中的搬运分析手法（参考）
①搬运工序分析：根据移动、取放、加工、停止的基本记号进行分析
②搬运活性分析：以活性系数表示被放置的物料的取放难易度
③搬运重量比率分析　④搬运运转分析　⑤空搬运分析
⑥过道阻碍分析　⑦搬运高度分析　⑧搬运功能分析

► ——改进步骤

⓪"表准"（表面的标准）和"标准"（木字旁的标准）作业

①改进需求

②表准作业

③追查原因

④改进

⑤标准作业

→回到第②步

► ——物流改进

下面说明在进行细胞式生产的零部件补充作业时应注意的几点事项。

要对工作量、搬运路径、搬运日程实行标准化，明确物流的消耗率。

货量均衡化

实行搬运间隔的等节距化，调整装货箱的容纳数。

便于取放

对装货箱内货物的包装形态进行改进。

减少重体力作业及搬运工时

规定每天的工作量，灵活利用牵引推车、AGV。

灵活利用援助机制

作业发生延迟时，安灯发出信号召唤援助人员协助作业。

195

其他

供应商的交货量、交货形态等。

5-14 细胞式生产车间的人才利用 （1）
管理人员的作用

本书在前面的章节中曾反复阐述：推行细胞式生产时要灵活发挥作业人员的能力。那么为了有效地调动作业人员，管理监督人员或部门顾问应该发挥怎样的作用呢？从本小节起将进行相关说明。本小节先介绍高层以及中层的管理方法。

▶ ——高层领导亲临现场进行指导

人们说日本制造业强就强在高层领导会亲临现场视察。最理想的形式是领导亲自上阵，站在生产车间里进行指导。以 5S 活动为代表的全公司性的活动一定要自上而下开展。当生产体系朝着细胞式生产的方向变更及推进时，上层领导的判断不可或缺。

▶ ——管理人员需要做什么

为了把公司的经营方针具体落实到细胞式生产的车间，必须进行以下几方面的管理。通过推行以下活动，细胞式生产车间的面貌将发生巨大的改变。所以坚守责任、积极实施将有利于营造一个强大的车间现场。

196

高层管理

①谈公司管理远景
- 规划远景
- 决策

②亲临现场进行指导

③高层领导自行清点检查

④评价人才及业绩

管理人员（厂长）的管理

①明确现状与远景之间的差距
- 亲临现场
- 反映到运营方针上
- 制定人员、设备及技术培训等方面的方案

②推行计划并统一管理

③改进出现的问题

④车间的具体管理
- 培养领导者
- 安排车间组织
- 强化车间沟通
- 监督员工遵守车间纪律
- 实践目视管理
- 做好半成品管理
- 贯彻标准作业
- 培训作业人员
- 全体参与5S活动
- 推行改进活动

管理人员

监督人员、相关职员

小组成员

全公司性的活动

以自上而下的形式
推行TQM、TPM等

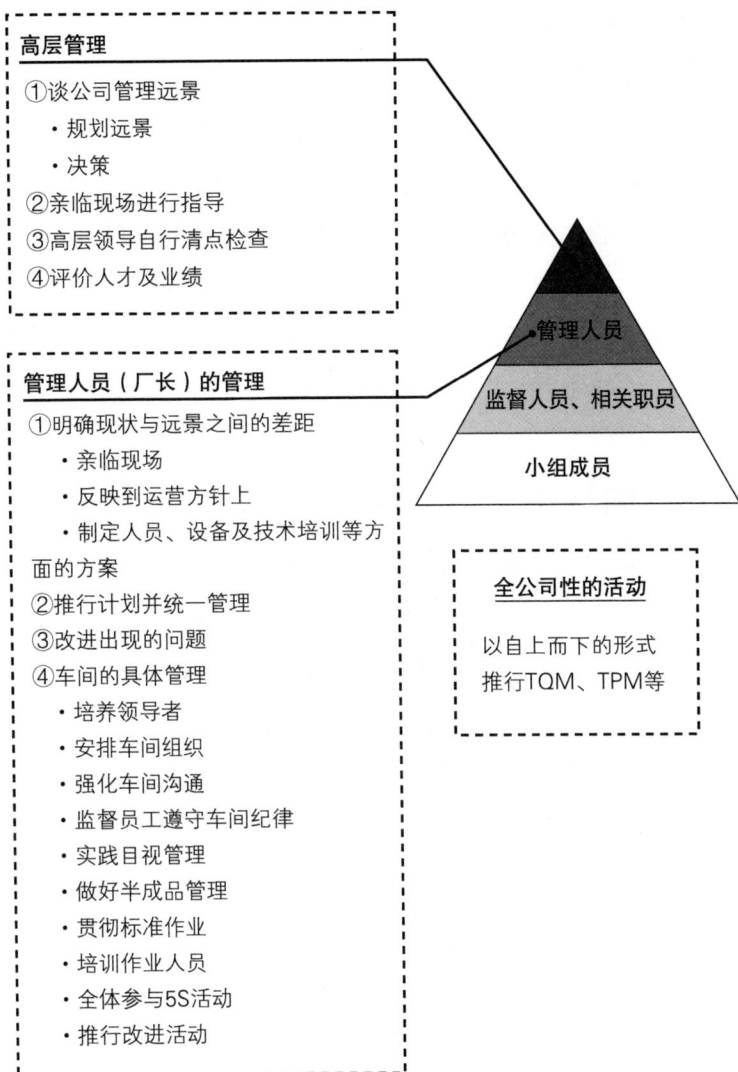

图 5-14　管理人员在细胞式生产中的作用

明确现状与远景之间的差距

推行计划并统一管理

改进出现的问题

工作场所的具体管理

- ·培养领导者　　　　·安排车间组织
- ·强化车间沟通　　　·监督员工遵守车间纪律
- ·实践目视管理　　　·做好半成品管理
- ·贯彻标准作业　　　·培训作业人员
- ·全体参与 5S 活动　·推行改进活动

5-15　细胞式生产车间的人才利用（2） 监督人员的作用

作为一名监督人员，应该遵照管理人员制定的方针，设定自己所负责的车间的课题，并率先执行组织的运作与管理方针。作为在现场的一线监督人员（领班、队长、组长），最理想的工作状态就是"主动承担作为现场一把手的职责"。特别是在细胞式生产车间里，为了能灵活适应多品种少量、变种变量的需求，运作必须及时且顺畅。

▶ ——监督人员需要做什么

作为小组领导，站在第一线监督人员的立场上管理运营

小组计划的推行与统一管理

改进出现的问题

198

监督人员的作用

①作为小组领导
　站在第一线监督人员的立场上管理运营
　　· 身居第一线
　　· 反映到小组方针上
　　· 制定作业人员培训方案等
②小组计划的推行与统一管理
③改进出现的问题
④工作场所的具体管理
　　· 培养下一任领导
　　· 制定车间生产线的日常人员安排计划
　　· 促进车间内的交流沟通
　　· 监督员工遵守车间纪律
　　· 实践目视管理
　　　（生产管理板、标准作业）
　　· 管理好半成品（QCD）
　　· 编写标准作业
　　· 培训作业人员
　　　（标准作业、多能化）
　　· 组织全体成员参与5S活动
　　· 实施改进活动
　　· 防止故障复发
　　· 进行异常管理，保证安全
　　· 辅助生产线内的作业
　　· 辅助生产线外的作业

管理人员

监督人员、部门顾问

小组成员

所需的技能

　· 异常管理能力
　　能够随时观察现场
　　目视管理
　　本职工作外的余力
　　找出浪费的能力
　· 自我管理能力
　· 劳务管理能力
　· 作业管理能力
　· 制定各类标准的能力
　· 持续推行改进的能力
　· 追求利润与质量的能力

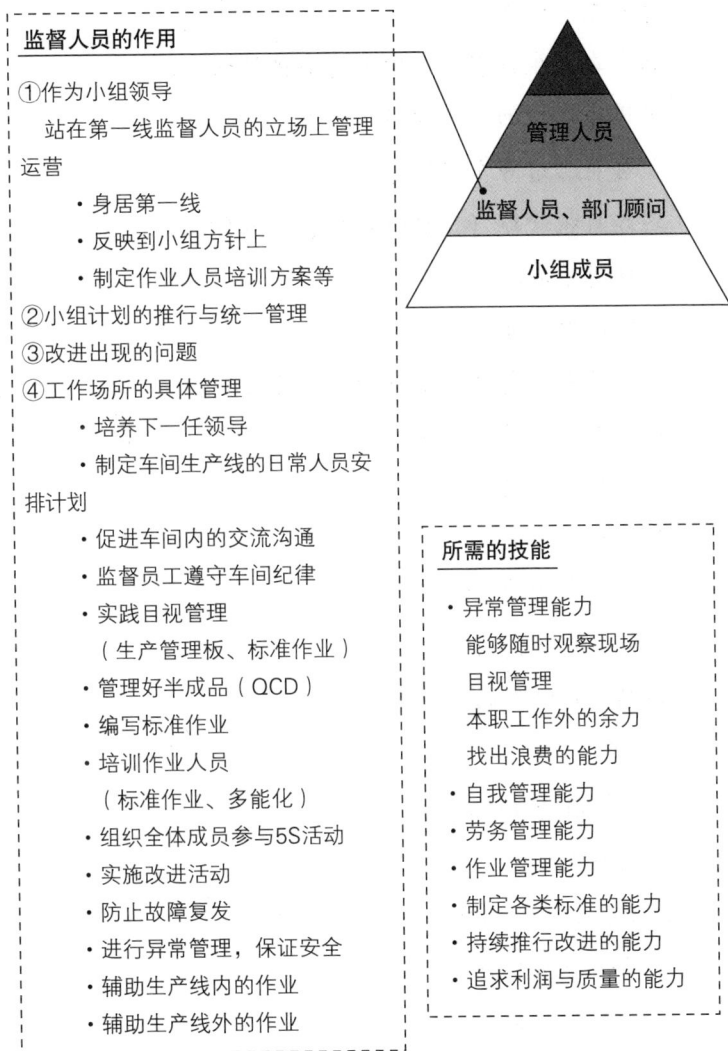

图 5-15　监督人员在细胞式生产中的作用

工作场所的具体管理

- 培养下一任领导
- 制定车间生产线的日常人员安排计划
- 促进车间内的交流沟通
- 监督员工遵守车间纪律
- 实践目视管理（生产管理板、标准作业）
- 管理好半成品（QCD）
- 编写标准作业
- 培训作业人员（标准作业、多能化）
- 组织全体成员参与 5S 活动
- 实施改进活动
- 防止故障复发
- 进行异常管理，保证安全
- 辅助生产线内的作业
- 辅助生产线外的作业

▶ ——所需的技能

由于监督人员要直接与组员接触，所以一定要具备良好的沟通能力，要能够理解并发挥组员的创造能力。

- 异常管理能力
- 自我管理能力
- 劳务管理能力
- 作业管理能力
- 制定各类标准的能力

· 持续推行改进的能力

· 追求利润与质量的能力

5-16 细胞式生产车间的人才利用（3）
车间顾问的作用

在一般性的制造业公司，生产制造活动由具有生产、生产技术、生产管理(D)、质量保证(Q) 等功能的若干个部门承担。本小节将对工厂技术员室(丰田汽车公司的理念) 进行说明，并将其看作细胞式生产车间的车间顾问。不过在实际中，也可以设置其他各种各样的间接顾问组织。

▶ ——工厂技术员室的理念

生产技术部门的主要业务通常是生产准备工作，例如工厂设施、生产机器设置、工序设定等。而与此同时，生产部门由管理监督人员和小组成员组成，他们很难拿出精力从事改进工作或处理异常状况。于是在生产部门新成立一个技术员室，使其发挥生产车间中的技术顾问的作用，从而进行及时的改进活动并提供技术支持。

工厂技术员室的职责是提供与生产维修活动相关的技术支持并协助改进实际业务。

▶ ——作为改进人员所需的技能

改进生产机制的能力：半成品的机制、制造的机制、生

201

车间顾问的作用

①生产现场的改进业务
- 一般性技术支持
- 向生产技术及设计部门反馈
- 改进生产线
- 制造相关用品

②一般性生产维修业务
- 生产维修
- 及时修理机械
  （常驻维修的功能）

③一般性作业人员培训

作为改进人员所需的技能

①改进生产机制的能力：
  半成品的机制、制造的机制、
  生产线内物流、换模换线

②改进提高生产率的能力：
  减少工时的机制、改进动作、缩短
  机械运转时间、改进附带作业、改
  进设备故障

③改进检测异常机制的能力：
  自働化的机制

④改进搬运的能力：
  集货交货物流、厂区内物流、物资
  采购物流

管理人员

监督人员、部门顾问

小组成员

实施改进活动时的职责分工

改进倡议人员
（小组成员、监督人员）

改进执行人员
（车间顾问）

技术支持与推行人员
（间接顾问）

作为维修人员所需的技能

①机械维修技能及相关知识
②电力维修技能及相关知识
③其他 （编程等）

图 5-16　车间顾问在细胞式生产中的作用

产线内物流、换模换线

改进提高生产率的能力：减少工时的机制、改进动作、缩短机械运转时间、改进附带作业、改进设备故障

改进检测异常机制的能力：自働化的机制

改进搬运的能力：集货交货物流、厂区内物流、物资采购物流

▶——作为维修人员所需的技能

机械维修技能及相关知识

电力维修技能及相关知识

其他(编程等)

5-17 细胞式生产车间的人才利用（4）
间接顾问的作用

在细胞式生产车间里，间接顾问的作用是从专业的角度辅助生产活动。

▶——间接顾问需要做什么

针对生产（P）的支持与培训

作为以提高完善产品质量为目的的合作活动，间接顾问与生产车间共同举行工序设备研究会、改进换模换线等。

针对质量管理（Q）的支持与培训

作为以提高和完善产品质量为目的的管理活动，在生产

203

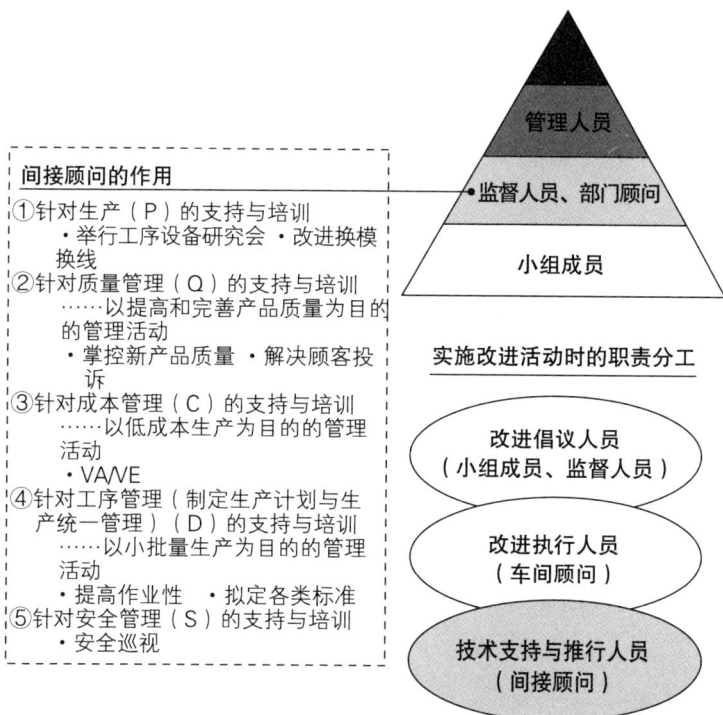

间接顾问的作用

①针对生产（P）的支持与培训
　　·举行工序设备研究会 ·改进换模换线
②针对质量管理（Q）的支持与培训
　　……以提高和完善产品质量为目的的管理活动
　　·掌控新产品质量 ·解决顾客投诉
③针对成本管理（C）的支持与培训
　　……以低成本生产为目的的管理活动
　　·VA/VE
④针对工序管理（制定生产计划与生产统一管理）（D）的支持与培训
　　……以小批量生产为目的的管理活动
　　·提高作业性 ·拟定各类标准
⑤针对安全管理（S）的支持与培训
　　·安全巡视

管理人员

监督人员、部门顾问

小组成员

实施改进活动时的职责分工

改进倡议人员
（小组成员、监督人员）

改进执行人员
（车间顾问）

技术支持与推行人员
（间接顾问）

教育培训要点（示例）

	生产（P）	质量（Q）	成本（C）	工序（D）	安全（S）
管理人员 H 监督人员 H 小组成员 H	在工序中提高和完善产品质量，进行生产维修	能够站在QC角度上思考问题	成本主义	多能化	能识别正常与异常状况

图 5-17　间接顾问在细胞式生产中的作用

204

车间内进行掌控新产品质量及解决客户投诉等方面的辅助
工作。

针对成本管理（C）的支持与培训

作为以低成本生产为目的的管理活动，在生产车间进行
VA/VE(Value Analysis/Value Engineering，价值分析/价值工
程) 等活动。

**针对工序管理（生产计划与生产统一管理）（D）的支持
与培训**

作为以小批量生产为目的的管理活动，在生产车间进行
提高作业性、拟定各类标准及指导供货商等方面的辅助活动。

针对安全管理（S）的支持与培训

以提供安全培训、负责安全巡视等方式辅助生产车间。
安全优先于一切。让专门的部门负责监督非常重要。

▶ ——推行援助工作的方法

〇按照各职能分工来拟定年度计划，把辅导、支持、执
行、进度评价等活动作为日常业务，以此支持生产车间。

〇建立援助活动的推行基地，由各职能负责人组成项目
组织，并以此建立推行组织，从而明确日程计划和目标，开
展援助工作。

205

5-18 细胞式生产车间的人才利用 （5）
团队合作

在前文中曾阐述过，在细胞式生产中要把作业人员培训成多能工(3-22，第120页)。毋庸置疑，重视作业人员的工作积极性也同等重要。

既然大家齐心协力从事生产制造是为了给产品添加"劳动"这种附加价值，那么就一定要重视团队合作——这个道理放在任何生产方式上都一样。不过就笔者的个人感觉而言，在日本之外的国家，对个人能力的强调似乎多过团队合作。重视团队合作既是日本培养出的"习俗"，也可以说是一直以来支撑着日本作为制造大国的重要因素之一。

►——监督人员的活动

如果监督人员不主动行动，小组成员就不会响应，所以应该注意积极与组员进行交流沟通。首先要从与团队成员互相打招呼做起，最终营造一个在达成共识的基础上通过团队解决问题的工作环境，并创造一个让大家具有强烈的主人翁意识而自发献计献策的工作氛围。

►——举行晨会的重要性

开晨会既提供了互相问候的环境，而且还起到了共享信息、贯彻理念的教育作用。同时，轮流发表讲话或者一起喊

206

团队合作

- 首先要做到互相打招呼
- 营造在达成共识的基础上通过团队解决问题的工作环境
- 创造一个让大家具有强烈的主人翁意识而自发献计献策的工作氛围

管理人员

监督人员、部门顾问

小组成员

团队合作

监督人员   多能工

监督人员的作用（摘自5-15）

- 培养下一任领导
- 促进车间内的交流沟通
- 监督员工遵守车间纪律
- 培训作业人员
  （标准作业、多能化）
- 组织全体成员参与5S活动

晨会（5分钟）

- 确认员工出勤情况
- 确认员工健康状况
- 指示提供与接受援助的工作事项
- 作业指示
- 联络通讯
- 安全指示
- 做体操等

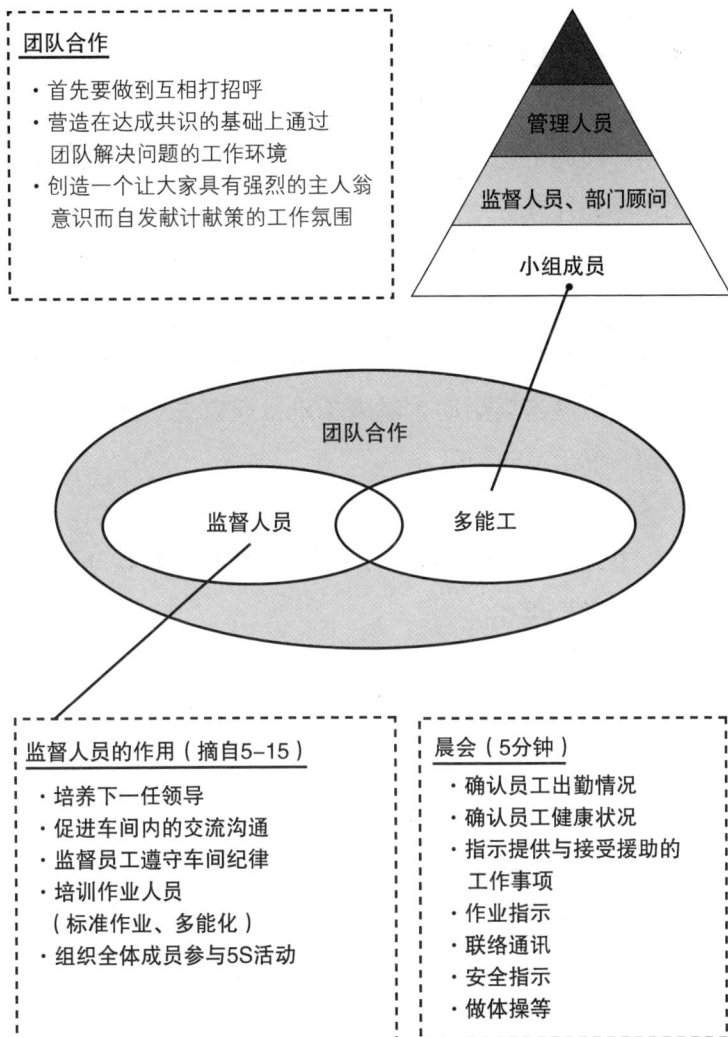

图 5-18　细胞式生产中的团队合作

口号也是很好的方式。

▶——团队内的分工

对团队成员进行培训时，出于培养多能工的目的，不仅要安排生产线内的标准作业，还要给组员安排生产线外的工作，比如零部件补充作业、质检作业或换模换线作业等。通过分工并承担相应的责任，可以强化团队整体的力量。此外还有用"5S 地图"安排分工的方法。

最近，雇用派遣员工的企业越来越多，所以维持工作岗位的秩序、推进各项活动也越来越难，但首先一定要让正式员工起到表率示范的作用。

5-19　细胞式生产车间的人才利用（6）
　　　　业绩评价

前文中介绍到，细胞式生产中要对作业人员进行多能化训练，并使用计分表进行评估(3-22，第 120 页)，但多能化不过是手段而已。

细胞式生产依赖于人，作业人员的能力自律地决定着生产线的效率高低，所以作业人员的创意、智慧及自身的工作积极性将极大地影响最终结果。

▶——动机（激励因素）理论

动机理论通常也被称为"激励"。激发动机的因素包括认

激励动机
（工作时发自内心的干劲）

采纳提议制度

激励动机的四要素
①酬劳（经济酬劳、心理酬劳）　②车间内的人际关系
③职务性质　　　　　　　　　　④管理人员的领导才能

评估　　　待遇　　　培养

人事考核评估项目
秉着公平、公正、公开的原则
①资质与态度　②知识能力　③成绩等

监督人员的业绩评估（示例）
①处理顾客要求的能力　②实施持续改进的能力　③教育培养员工的能力

作业人员的技师认证制度

在德国，对于那些手工业法所规定的行业，如果没有技师资格就不许
开张营业。为了获取技师资格，必须以实习生的身份参加工作，同时
在职业学校学习，然后作为学徒进修以积累经验，最终通过考试。

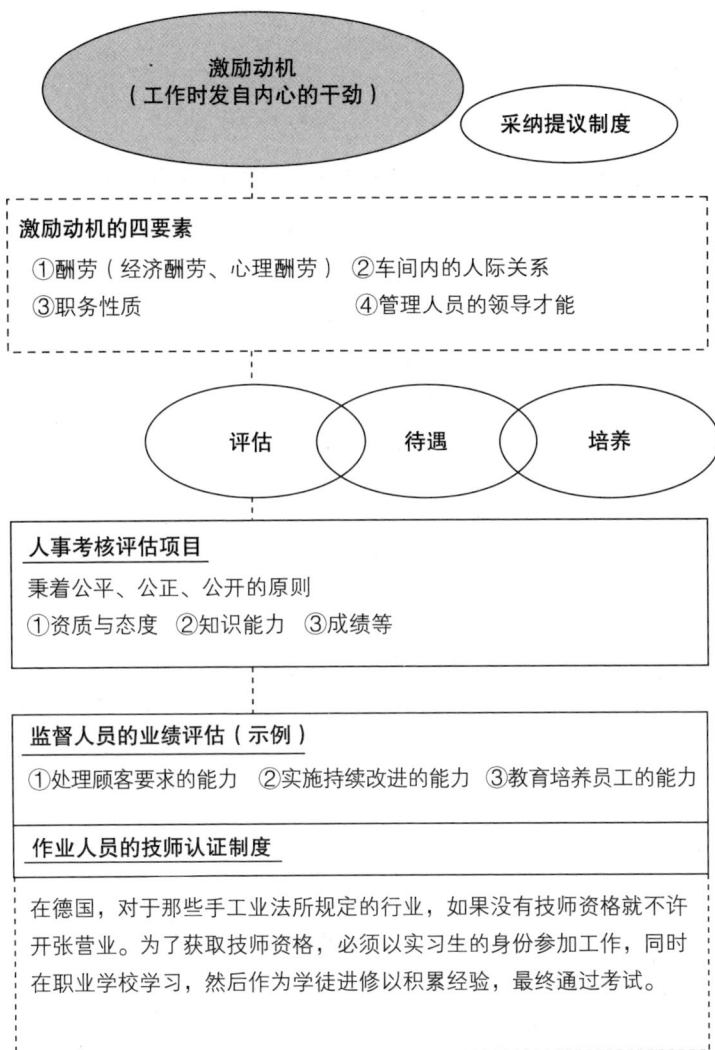

图 5-19　细胞式生产中的业绩评估

209

同感、成就感、责任感、晋升欲望等与自身发展、个性化以及与自我价值实现相关的意愿。

因此在动机形成的过程中，上司应该交给下属必须承担责任的工作，在工作中予以认可，并时而伸出援手，以此不断激发下属的积极性。当下属完成目标时，要表扬其进步，以此提高下属的成就感和对工作的满意度，同时给予其晋升的希望。

采纳员工提议的制度是激发其工作积极性的好方法。最近几年此类活动似乎趋于低调，但最好是能有效地利用这种方法。

▶ ——评估

生产车间的人事考核一般是通过面谈的形式，双方就目标与实际表现进行讨论，以此考核评估。评估项目大致包括：①资质与态度；②知识能力；③成绩。

评估监督人员的业绩表现时，其标准分别是：①处理顾客要求的能力；②实施持续改进的能力；③教育培养员工的能力。而关于对作业人员的评价，有的企业导入德国传统的学徒工匠制度（被称为"Meister（技师）认证制度"）作为鉴定作业熟练程度的制度。

5-20 细胞式生产车间的人才利用（7）
小组活动

生产车间所进行的小组活动是车间里的自主性活动，该活动有利于员工间的相互启发和现场教育，所以企业积极鼓励推行。具体的活动内容可以根据公司方针以及所采用的工序和设备等条件来制定。不过因为细胞式生产的活动对象是装配，所以 QC 和 5S 是最基本的小组活动。

▶——QC 小组 （ QC Circle ） 活动

QC 指质量管理活动。QC 小组活动主要包括：生产现场的作业人员建立小组；自发地研究车间的管理与改进问题；将研究成果反映到质量改进上。近年来，QC 小组活动的势头不如往日那么旺盛。由于 TQC(Total Quality Control，全公司质量管理) 缺乏大局概念，出于对其不足之处的反思，最近几年已经向逐级细分管理目标的 TQM(Total Quality Management，综合质量管理) 过渡。不管怎样，在细胞式生产的现场，都不应该让员工有"被强迫"的感觉，应该一步步扎实地推行质量改进活动。

▶——5S 活动

应把 5S 活动融入工作现场的小组活动中。

▶ ——PM （ Productive Maintenance， 生产维护 ） 活动

在日本，以全体员工参加的形式(Total Productive Mainte-nance，简称 TPM) 推行生产维护活动。上到高层领导，下到

211

	小组活动	工具	全公司活动
QC	QC小组（QCC）： 　生产现场的员工建立小组，自发地研究车间的管理与改进问题，并将研究成果反映到质量改进上	• QC手法 　QC7大工具管理图	TQC→TQM： 　不仅在生产现场开展QC活动，还把QC推广到包括间接部门在内的整个公司。从自下而上的方式过渡为自上而下的方式
5S	5S活动： 　把5S活动融入工作现场的小组活动中。运用QC手法、QC历程	• QC手法 　QC7大工具管理图	5S活动： 上层领导干部也积极参与到活动中
PM	PM活动： 　以最高效地利用设备等为目标，通过激励管理及小组活动推行PM活动	• 维护手法 　FMEA 　FTA 　经济性评价	TPM： 　在日本，以全体员工参加的形式（TPM）开展活动

图 5-20　细胞式生产的小组活动示例

作业人员，从设计部门到制造部门，不同级别的所有员工共
同参与激励管理及小组活动，以此推行 PM 活动。

▶──其他

ZD 活动（ZD 是 Zero Defects 的缩写，其意为无瑕疵。该活
动的目的是实现不良品的零产生率，与 QC 活动同时进行）、
节能活动等。

5-21　细胞式生产车间的人才利用（8）
　　　　公司全体员工大会

生产车间推行的小组活动尊重现场的自主性和自发性。
而召开各部门员工大会、公司全体员工大会的目的则是对小
组活动进行进一步升级和激活，并使各小组相互切磋钻研。
小组活动和经验交流大会在每个公司都有不同的称呼。

此类活动作为一项直接与公司管理挂钩的、强化公司"体
质"的活动，由全体员工或代表出席参加。这样的大会是培
养人才的大好机会，发言人在事先准备稿件的过程中需要编
写资料、学习演讲技巧，从而得到了自我提升，而其他与会
者在受到启发的同时也能互相借鉴经验。

▶──典型的全体员工经验交流大会

典型的经验交流会有：以 QC 小组（QCC）活动为基础的

小组活动	公司全体员工大会
QC小组	QC小组成果交流会
PM活动	PM大会
改进活动	改进活动事例交流会 KAIZEN（改善）活动成果交流会 ·间接部门 改进活动事例交流会 ·工厂 改进活动事例交流会
5S活动	
创意点子提议活动	

跨国性大会事例： S公司技能奥运会

- 汽车零部件装配
- 22个国家，71个工厂，约8万名员工
- 每年举办1次"技能奥运会"
- 目的：表彰技能高超的员工并鼓励员工积极提高技能
- 评分："速度分"40分满分+"质量分"60分（重视质量）

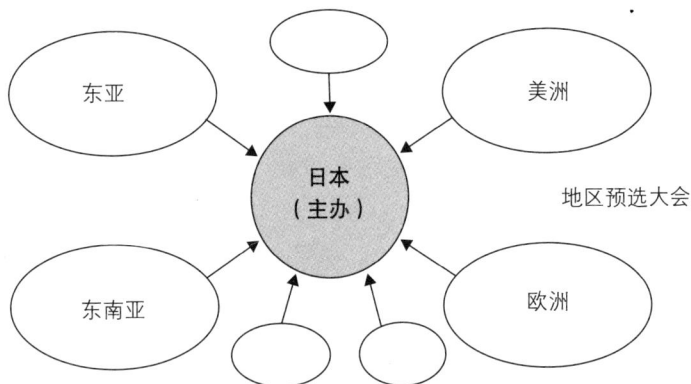

图 5-21 公司全体员工经验交流大会示例

QC 小组成果交流会及以 PM 活动、改进活动、5S 活动、创意

点子提议活动、ZD 活动、节能活动等为主题的经验交流会等。

▶——技能奥运会

有的跨国企业还举行一种名为"技能奥运会"的活动。它多少与公司全体员工大会有所不同，是集团内各公司选出作业人员参加的别具特色的活动。举办这一活动的目的是表彰技能高超的员工，并鼓励大家积极提高技能，同时也为作业人员提供了互相启发、切磋钻研的场所。各个公司在全体员工大会上选出代表选手，齐聚到日本参赛。不过由于欧美地区距离日本较远，所以还会通过地区预选大会进行进一步选拔。结果显示，"技能奥运会"的比赛成绩与顾客的投诉情况呈相关关系。该比赛的评分方法注重成品的质量，与公司意图相符，是一项很好的活动。

专栏⑤　公司进步了，员工就会被炒鱿鱼？

曾经有一本外国人写的书红极一时，书的前言大意如下："某家推行改进活动的公司人手多了出来，于是进行了人员清理。一旦公司改进就要被炒鱿鱼。如果公司不推行改进，员工原本是不会被炒鱿鱼的，实乃自相矛盾。"

笔者当时不禁惊奇，外国竟有这样的事情发生。在日本，前辈们告诉我们：公司经过改进后，多出来的人员应该用在新的事业上。人员清理几乎闻所未闻。或许因为公司体制不同，所以外国与日本的公司不可一概而论。但不管怎样，笔者感觉在国外生产厂家任职的员工的脑子里似乎都有本文前言提到的那种观念。笔者之所以抱有这样的印象，是因为笔者在读过那本书后，曾在一家欧美公司征求过某位生产科长的意见。他说："反正我不想搞改进。我进公司以来，还一次都没有实施过 lay-off（为了公司重建而临时解雇员工）。我可不想 lay-off。"他的话着实让笔者吃了一惊。

　　这家公司基本上一直在扩大业务，在此之前一次都没有进行过裁员，而是一直在增加新员工。明明有很多的车间只要推行改进活动，就能把多出来的人员利用起来，但是他们没有很好地推行改进活动，只是一味地增加人员。

　　关于改进活动，归根结底，一定要把减少作业人员的压力放在第一位考虑。从结果来说，这么做将会为公司提供可以机动利用的人员。如果不明白这一点，就只能一味地加重员工的劳动强度，这是非常"不以人为本"的做法。

第6章
细胞式生产应用事例

6-1 细胞式生产事例的定位

本章将对各种细胞式生产的应用事例进行整理并归类。图 6-1 大致囊括了细胞式生产的所有对象领域。这些事例主要是关于汽车零部件制造业和电子器械制造业的，不过细胞式生产应该会在更广阔的领域发挥作用。

从下一小节起，将按照改进活动的步骤对细胞式生产的应用事例进行说明。作为公司中担当策划及工序设计的负责人，应该从一开始就描绘出未来的理想形态，并朝着目标稳步前进(参考 5-8，第 182 页)。

事例① （A 公司）提拔女性员工当领导，将男性员工调派到间接部门

产品类型

大量生产
（反复生产）

少品种大批量

多品种小批量

单件物品
（非反复生产）

大
↑
批
量
大
小
↓
小

细胞式生产对象领域

电子零部件

汽车

汽车零部件
（F、I公司）

电子器械等
（A、B、C、D、E、
G、H公司）

食品

通用机械

专用机械

船舶

成套设备

单个 ← 工序间的连接程度/连续性 → 连续

细胞式生产

流水线生产
（传送装置）

生产方式

个别生产

批量生产

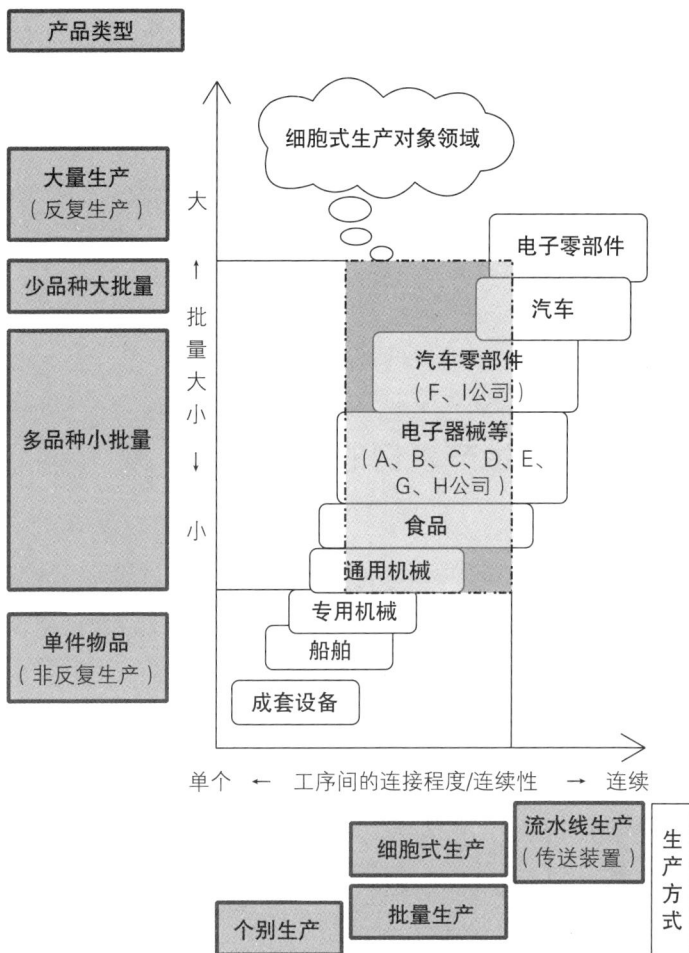

图 6-1　细胞式生产简图

218

事例②（B 公司）以高层领导为主导，导入细胞式生产和技术员鉴定制度

事例③（C 公司）推动型细胞式生产

事例④（D 公司）在建立作业人员辅助体系的同时构建生产线

事例⑤（E 公司）以 IT 辅助作业人员技能的单人生产方式

事例⑥（F 公司）使用 AGV 搬运大重量的货物

事例⑦（G 公司）从设计阶段开始修正生产方式

事例⑧（H 公司）采取有效提高作业人员的多能化与工作热情的方式

事例⑨（I 公司）机械加工类零部件加工车间

▶ ——注意汽车制造业中"CELL" 一词的使用

在《丰田为什么强大》（H. Thomas Johnson 等著）的日文版序言里，作者是这么使用"CELL"一词的："在美国，我们把丰田生产体系定性为'结合型细胞式体系'。"虽然都使用了"CELL"这个词，但本书所阐述的细胞式生产和使用传送装置的汽车生产装配线的含义是不同的。如果把两者看作同一事物，将会招致误会。

6-2　细胞式生产车间（1）

电子器械器具制造业　Ａ公司

提拔女性员工当领导，将男性员工调派到间接部门的事例

▶ ──概要

Ａ公司是一家生产商子公司，负责生产母公司委托的产品。母公司制定了推进生产革新的方针，决定在整个集团导入细胞式生产。

由于作业人员一直以来绝大多数都是女性，所以公司需要灵活地发挥女性员工的作用。而在提拔女性当领导时，还不得不先改变男性员工担任生产线领导的思维定式。

▶ ──活动内容

该公司最开始从 5S 活动做起，通过找出解决对策的方式，推进整理整顿等具体事项的改进。

该公司还废除了传送装置，采用由 1~40 名员工组成的小组细胞式生产方式，并把一直以来辅助男性组长工作的女性员工提拔为领导，让女性员工组织管理生产线。

由于废除了传送装置，所以需要手动把产品送往下一道工序。把成品装到手推车上后送到下一个加工场所。这种方式消除了浪费、缩短了工序，并且腾出了更多的空间。而且

A公司 概要

主要行业分类　　　　　　：电子器械器具制造业
员工规模与特点　　　　　：1000～5000人
产品　　　　　　　　　　：多品种小批量，小中型家电产品
导入细胞式生产的背景理由：母公司下达了生产革新的指示。
　　　　　　　　　　　　　公司内已经普遍形成共识，认为生产全新产
　　　　　　　　　　　　　品时，细胞式生产方式是生产率最高的方法。

远景

　　作为大型家电公司的生产子公司，以不断进行生产革新为目标，从而给生产带来更高的附加价值

1. 最初的面貌
- 作业人员大多数是女性，辅助男性员工的作业
- 在刚开始提拔女性当领导时，首先不得不改变男性员工担任生产线领导的思维定式

2.实施事项
- 1992年开始导入细胞式生产方式
- 聘请外部咨询师
- 推行5S活动，改进问题
- 废除使用传送装置
- 推行多能化
- 消除浪费，缩短工序
- 每周举行一次"改进会"
- 导入按生产线进行利润管理的机制
- 由女性领导自主管理生产线

3.完成改进后的面貌
- 不再使用传送装置
- 使用推车搬运
- 1～40人规模的小组生产
- 灵活利用人手、灵活利用空间
- 作为生产子公司自行设置开发部门，有效利用剩余人员
- 女性生产线领导（约占50%）、年轻男性员工和日籍员工

4.理想形态：课题
- 提高女性员工的人员稳定性，让其更充分地发挥作用（目前，女性员工平均约工作7年后离职）

图6-2　A公司细胞式生产相关活动

通过推行多能化，有效发挥了作业人员的作用，从而腾出了更多的人手。

该公司每星期举行一次"改进会"，交流每一条生产线的改进成果。

▶ ——事例要点

该车间的员工大多数是女性，所以通过选拔女性员工当生产线的领导，可以使生产线的运转变得更加顺畅。此外，虽然 A 公司是一家负责生产制造的子公司，但通过把改进活动节省出的人员调到开发部门，又为开发新产品做出了贡献。

6-3 细胞式生产车间（2）
电子器械器具制造业　B 公司
以高层领导为主导，导入细胞式生产和技术员鉴定制度的事例

▶ ——概要

该公司的高层领导一直致力于推进生产革新，在参观了其他公司实施了细胞式生产的工厂后，了解到细胞式生产与传送带生产线相比，库存等浪费较少，于是决定导入细胞式生产。之前，在国外低劳务费的大背景下，该公司已经开始把生产基地从日本国内一点点转移到东南亚。而现在该公司

B公司 概要

主要行业分类	：电子器械器具制造业
员工规模与特点	：10000人以上（日本国内），跨国企业
产品	：多品种小批量、小中型办公自动化机器
导入细胞式生产的背景理由：	公司领导在参观过不使用传送装置的工厂后，决定导入细胞式生产

远景

把生产基地从东南亚重新移回到日本，在日本重新构建生产制造基地

1.最初的面貌

- 使用传送装置进行流水线生产
- 接单产品的交付周期长达一个多月
- 把生产基地转移到劳务费低廉的东南亚，日本国内出现了产业空心化的危机

2.实施事项

- 1998年开始导入细胞式生产方式三年时间内，在所有事业部实现导入开展了缩短工序的活动
- 采纳外部咨询顾问的意见
- 废除传送装置

- 使用手推车搬运
- 自制设备，巧用机关装置
- 灵活利用人手（省人）、灵活利用空间
- 获得认证的技工指出设计改进点

3.完成改进后的面貌

- 废除传送装置 采用单人方式等
- 降低半成品库存
- 灵活利用人手、灵活利用空间（撤除外部仓库）
- 接单产品的交付周期：一周之内

- 减少设备投资，改进现金流
- 不再使用等候发货用的纸板箱
- 技师认证制度： 1级、2级、3级、特级技能认证制度
- 培训师制度

4.理想形态：课题

- 个人专业技术的持续性继承，技能的传递
- 稳步地面向全球扩大业务
- 自动化设备的再次进化
- 构建包含间接部门在内的完整体制

图 6-3　B公司细胞式生产相关活动

为了重新构建日本的生产制造基地，从试点工厂开始导入细胞式生产，并逐步推广到全公司。

▶——活动内容

该公司撤掉了一直使用的传送带生产线，用三年时间导入了细胞式生产。在实施细胞式生产时，该公司接受了外部咨询顾问的指导，开展了缩短生产线工序等消除浪费的活动。通过此活动，在腾出空间及节省人手方面取得了巨大的成果。同时，该公司还构建了"单人生产方式"的生产线，让一个人负责包括检测在内的整个工序，完成大型产品的制造。该公司在构建细胞式生产体系时做出了很多努力。比如开发自制设备和附带各种机关装置的简易设备等。

▶——事例要点

该公司在车间实施了"技师认证制度"，这是一种能有效促进知识与技能传播的技术认证制度。为了在细胞式生产车间中充分利用人才，正确评价熟练作业人员的业绩并激发其工作积极性是非常重要的。在整个小组的生产车间内，根据不同类别制定认证标准，以此进行认证。例如一般性装配，以所负责产品的工序数、作业速度、质量状况等作为认证标准。地区级(工厂) 可以认证3级和2级技师，总公司可以认证1级和特级技师，他们坚守在日本国内的生产阵地上，在各自的工厂车间发挥着领导者的作用。

6-4　细胞式生产车间（3）
电子器械器具制造业　C公司
推动型细胞式生产的事例

▶——概要

C公司是一家大量生产家电产品的制造商。在过去，用于最终产品的各个配件和零部件根据量产性或专业性，分别在不同的厂房内用传送装置进行流水线生产。采用这种方法存在很多问题，比如厂房间的物流损失大、大型传送设备导致设备投资过大、难以应对生产变动等。为此，C公司以提高生产率、降低库存、缩短交付周期为目的，导入了细胞式生产，以力图彻底消除工厂中的浪费和不均衡。

▶——活动内容

过去，传送装置流水线按照不同小组进行分工，现在公司将其改为了细胞式生产线。与此同时，把分散在各栋厂房内的生产线集中起来，形成了推动型生产体系的流程。通过将体系变更为细胞式生产线，成功控制了设备投资费用，并节省了空间和能源。在从传送装置流水线变更为细胞式生产线的过程中，作业方式也从坐着改为站立。不过公司对作业进行了相关改进，避免了作业人员一直保持站立不动的姿势。

225

C公司 概要

主要行业分类 ： 电子器械器具制造业
员工规模与特点 ： 10000人以上（日本国内），跨国企业
产品 ： 多品种小批量，从小型到大型的综合家电
导入细胞式生产的背景理由：公司急切需要一个能够灵活应对变种变量的
　　　　　　　　　　　　需求变动的体系

远景

建立能够及时迅速适应较短的商品周期、多样的市场需求的系统

1.最初的面貌

- 厂房间的物流损失较大
- 大型传送装置设备使设备投资过大，抵抗不住生产出现的变动

2.实施事项

- 构建推动型细胞式生产体系
- 设置多于装配人数的细胞线，建立作业人员移动于生产线之间以减少等候时间的系统
- 单人作业方式，相对较重（10公斤以下）产品移动搬运
- 排除浪费和不平衡
- 目视管理
- 站立作业，对直立不动的作业进行改进
- 作业人员教育
- 降低成本注册系统：设立提议采纳制度，同时反馈给设计部门

3.完成改进后的面貌

- 截至2002年在整个装配事业部导入了细胞式生产，采用单人生产方式 等
- 降低在制品库存
- 大幅度缩短生产前置时间
- 最大限度发挥个人能力，活化工作现场
- 从零部件到成品一气呵成，将生产线集中到同一栋厂房：设备投资降低，节省了能源
- 设计与装配岗位的合作作业
- 生产率提高，质量提高

4.理想形态：课题

- 构建符合公司自身情况的细胞式生产体系
- 开展环保型活动
- 积极开展提高作业人员技能的教育活动

图6-4　C公司细胞式生产相关活动

▶——事例要点

在 C 公司，撤走了大型传送装置，通过推动型细胞式生产的方式，成功对空间及生产率等方面进行了大幅度改进。过去在不同厂房根据不同小组而分散的物料，在变更为细胞式生产后集中到了一起。从零部件到成品，这样使得物料的流转更容易同步。通过这样的活动，公司成功实现了降低半成品库存、大幅缩短生产交付周期的目的。

6-5 细胞式生产车间（4）
电子器械器具制造业 D 公司
建立作业人员辅助体系的同时构建生产线的事例

▶——概要

D 公司是一家专业制造商，主要生产家用产品，几乎所有产品都以 OEM（定牌生产）的形式提供给许多其他制造商，因此 D 公司要生产各种批量的多种产品。公司以 TPM 活动为主体，开展了各项相关活动。在过去，该公司采用传送装置流水线的混流线方式装配多种产品，但由于在生产某种生产节拍特殊的产品时，经常出现如下问题：①质量、生产率受到影响；②切换传送装置速度等作业花费时间；③需要援助作业人员；④故障、停运频繁发生等问题。于是决定将此产品分离出来，并导入细胞式生产。

▶——活动内容

公司将出现问题的产品从传送装置中分离出来，改用单

D公司　概要

主要行业分类　　　　　：电子器械器具制造业
员工规模与特点　　　　：100～1000人，OEM
产品　　　　　　　　　：多品种小批量，中大型产品
导入细胞式生产的背景理由：公司需要把不适应混流式流水线的产品分离出来

远景

构建能够完成从冲床到装配工序的高水准生产线

1.最初的面貌
· 公司是OEM（定牌生产）制造商，向众多厂商提供产品
· 小批量生产越来越多
· 使用传送装置，混流生产线
· 由于生产节拍特殊的A产品经常发生以下问题：①质量、生产率受到影响；②切换传送装置速度等作业花费时间；③需要援助作业人员；④故障、停运频繁发生等问题

2.实施事项
· 把A产品从传送装置上分离出来，推行单元生产化（最初是迫于现实需要而实施的）。单人生产方式
· 研究通过指示书下达作业内容及通过清单拣选零部件的作业方式→认为这种方式给作业人员带来过重的负担，故摒弃
· 导入细胞式生产辅助系统（用显示屏显示作业内容，用指示灯表示所需零部件）
· 先由技术顾问进行尝试，然后再与选拔出的作业人员一起构建并完善系统
· 持续开展TPM活动

3.完成改进后的面貌
· 构建了一条细胞式生产线
· 确保了单人生产量与传送装置生产线相同。平均每件产品所耗工时减少
· 系统功能覆盖到作业指示阶段为止。关于作业人员自行判断的因素，需要今后继续研究。设置拣选零部件时的防错法
· 作业人员的质量意识有所提高
· 在构建系统时积累的资料用于培训新手作业人员及研究作业步骤的改进方法。资料要不断更新升级

4.理想形态：课题
· 细胞式生产线的横向展开
· 构建更高水准的细胞式生产线

图6-5　D公司细胞式生产相关活动

人生产方式的细胞式生产线。一开始，技术部门和制造部门
经过反复研究，尝试性地启动了细胞式生产。

▶——事例要点

该公司迫于现实需要，开始了对于细胞式生产线的尝试。
在导入初始，参观其他公司的细胞式生产线，并以此为参考
构建系统。公司用显示屏显示作业内容，并以指示灯的形式
表示所需的零部件，以这样的方式作为辅助作业人员的系统。
在此过程中，作业人员和部门顾问齐心协力，首先进行实践，
然后找出系统存在的问题。如今这套系统还能编写出可通过
电脑进行虚拟体验的培训资料，并以此进行作业步骤的培训
并研究改进问题的方法。该公司今后的课题在于增设新的细
胞式生产线，目前正在与提高系统性能的活动同时进行。

6-6 细胞式生产车间（5）
电子机器制造业 E公司
以IT辅助作业人员技能的单人生产方式
的事例

▶——概要

E公司是一家以女性作业人员为主体、生产电脑周边机器
的厂商，每月少量(从5件到约1000件不等）生产多种数码电
子产品，其零部件也多种多样(从200种到2300种不等)。面对

E公司　概要

主要行业分类　　　　　　：电子机器制造业
员工规模与特点　　　　　：100～1000人，女性作业人员为主
产品　　　　　　　　　　：中大型电脑周边机器
导入细胞式生产的背景理由：来源于高层领导的"数码工厂"构想
远景

　实现高质量、高性能的数码"工作流"

1.最初的面貌

· 传送装置流水线
· 单人难以独立完成的高难度、多工序产品装配
· 为防止出错，由作业人员拣选零部件

2.实施事项

· 1997～2002年撤除传送装置
· 该公司自主开发出了命名为"数码货摊"的、灵活运用了IT技术的系统
  （单人生产方式）。2002年在所有机型中采用
· 依靠从设计到装配并行的一条龙数据，从试制阶段起就实现质量的稳定化
· 用计算机拣选零部件及下达作业指示
· 加入防错措施（检查零部件是否吻合以及螺丝拧动次数是否正确）

3.完成改进后的面貌

· 通过各生产线的实时作业数据进行生产进程管理
· 取代纸质的作业指示书，初级作业人员也能完成装配。熟练掌握后可以降低工时
· 与传送装置流水线相比，生产率提高为2倍
· 生产交付周期缩短

· 可以应对变种变量生产，质量提高
· 工序缩短，节省空间
· 新产品可以从一开始就顺利地实现质量的稳定化，负荷调整能力增强
· 伴随着工厂的统一管理，零部件拣选由专任作业人员进行
· 采取"技能岗制度"，从作业人员中选拔现场顾问

4.理想形态：课题

· 通过灵活运用作业人员的生产数据，①消除生产中的浪费，提高单人生产方式的水平；②把信息反馈给设计部门等单位

· 继续发挥技术顾问的作用，将其系统地培养成领导
· 创造重视环保的生产制造事业

图6-6　E公司细胞式生产相关活动

单人装配有困难的多工序产品装配，该公司取消了一直以来采用的传送装置流水线，导入了灵活运用 IT 技术的细胞式生产方式，并采取了由单人把产品装配完成的单人生产方式。

▶──活动内容

公司自行开发出了一个系统，该系统用电脑显示产品的装配顺序及零部件的取出步骤等，作业人员只要按照指示进行作业就能完成装配。系统还添加了检查零部件是否吻合以及螺丝拧动次数是否正确的防错措施，如果操作有误，便会自动报警。作业人员不再使用纸质指南手册，而是用电脑画面确认作业情况。这样可以集中精力进行装配，所以生产率和产品质量都有了提高。

▶──事例要点

该公司开发出了一套灵活运用了 IT 技术的系统，公司称其为"数码货摊"。这一系统的特点是：那些以往必须在由多人组成的传送装置流水线上才能进行装配的多工序高难度的产品，现在连新手都可以独立装配完成。如 E 公司的案例所示，对于装配复杂的作业步骤，通过在屏幕上显示作业指示来减少作业人员的负担，这种方法在细胞式生产车间越来越常见。而且由于该系统是基于电脑的，所以另一个优点在于各条线上的作业数据可以有效利用于资料管理和设计方面。

231

6-7 细胞式生产车间 （6）
汽车零部件制造业　F公司
使用 AGV 搬运大重量货物的事例

▶——概要

F公司是一家生产大型汽车零部件的制造商，一直以来使用传送装置流水线实施生产。在越来越多的公司以生产革新为目的而开始导入细胞式生产线的时候，F公司也开始了使用简易无人搬运车(AGV) 的细胞式生产。随着产品类型的增加，该公司也产生了用传送装置生产线进行混流生产会导致浪费加剧的问题，于是把细胞式生产线定位为传送装置流水线的补充，并加以推进。

▶——活动内容

从传送装置生产线上分离出工时差异较大的机型和小批量产品，改为使用简易无人搬运车(AGV) 的细胞式生产线方式生产。公司的目标是实现"一个流"的单人独立作业。

▶——事例要点

该车间生产的产品较重，如果用通常的手工搬运或手推车搬运的话，那么对作业人员而言是重体力劳动。于是公司采用了简易无人搬运车(AGV)。这样一来，即使零部件重量很大，也能构建出细胞式生产线。为了把作业人员的动作转化为标准

232

F公司 概要

主要行业分类	：汽车零部件制造业
员工规模与特点	：1000～5000人
产品	：多品种小批量，小中型产品
导入细胞式生产的背景理由	：确立了与销售额挂钩的生产体制，改进生产效率，导入目视管理

远景

构建一套适用于小批量、大型产品的细胞式生产线

1.最初的面貌

· 使用传送装置进行量产的生产线
· 随着产品的多样化，同一流水线上因混流生产而造成的浪费越来越突出（切换机型的时间浪费、工时差异的浪费、取放零部件和工具的时间浪费）

⬇

2.实施事项

· 分离出工时差异较大的机型和小批量产品，独立启用单元线。目标是单人独立作业
· 产品重量较大，用手推车搬运会造成重体力劳动，故采用简易型无人搬运车（AGV）
· AGV中加入了防错装置（除非作业正常结束，否则无法开动）
· 夹具通过AGV滑动到生产线，进而安装到设备上
· 工序之间通过AGV搬运
· 开展TPM活动及改进与维修活动
· 充分发挥女性小时工的作用

⬇

3.完成改进后的面貌

· 形成"一个流"的方式，编排效率达100%
· 易于对应产量的变动
· 生产线人性化
· 设备投资减少
· 库存降低，交付周期缩短
· 不良品减少
· 分离出小批量产品后，现有传送装置生产线的效率提高
· 女性小时工组成了"女性小时工线"

⬇

4.理想形态：课题

· 使员工熟练掌握操作，推进多能化
· 进一步发挥女性员工的作用，修改作业方法，提高其工作积极性

图6-7 F公司细胞式生产相关活动

233

作业，机械的动作以及 AGV 的功能起到了重要作用。于是 F 公司做出了以下几点改进：①AGV 上安装防错装置，只要作业没有正常结束就不能再次启动；②把夹具通过 AGV 滑动到生产线，进而安装到设备上；③工序之间通过 AGV 搬运。此外，为了提高女性小时工的作业能力，不但致力于开展"手边化"活动，改进操作姿势及减轻作业负担，使得女性作业人员更便于作业，而且还积极开展提高其工作积极性的活动。

6-8　细胞式生产车间（7）
　　　控制系统机器制造业　G 公司
　　　从设计阶段开始修正制造方法的事例

▶——概要

G 公司是一家生产通用电子零部件的工厂，其开发部门和事业部门、生产部门形成一个整体。产品是种类多样的小中型制品。出于产品的特性及顾客的需求，其生产 4000 种不同规格的产品。G 公司作为一家跨国企业，意识到必须强化企业的"体力"，在这样的背景下开始推行生产革新活动。同时还推行了积极应对小需求量、短交货期的活动，以提高顾客的满意度。

▶ ——活动内容

公司开展了"当日生产"的活动，即工厂接到订单后，确

234

G公司 概要

主要行业分类 ：控制系统机器制造业
员工规模与特点 ：5000～10000人（日本国内），跨国企业
产品 ：多品种小批量，小中型产品
导入细胞式生产的背景理由：强化企业的"体力"以适应全球化发展，提高顾客满意度

远景

构建人与机械和谐运作的最先进的工厂

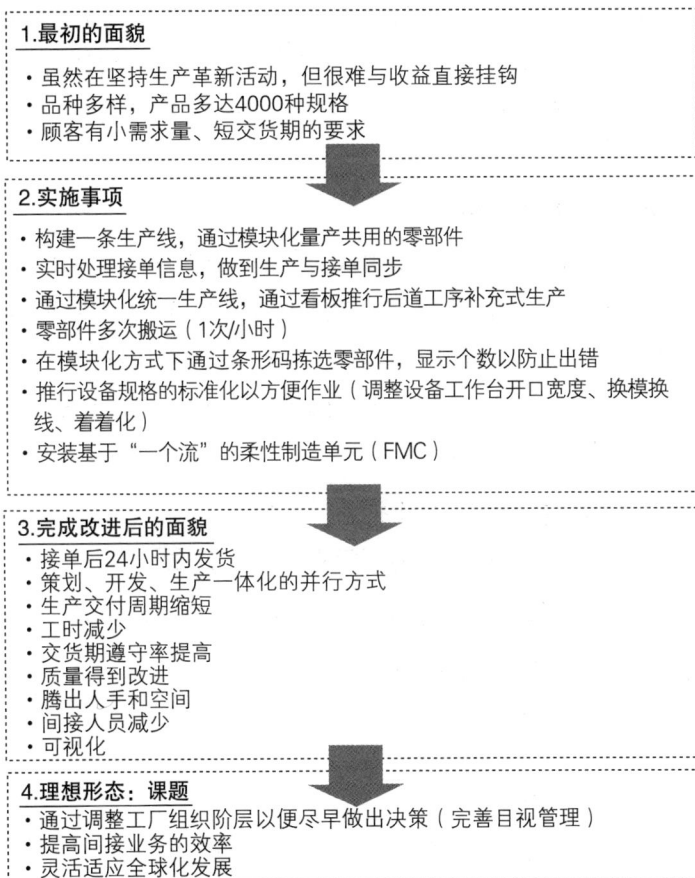

```
1.最初的面貌
```
• 虽然在坚持生产革新活动，但很难与收益直接挂钩
• 品种多样，产品多达4000种规格
• 顾客有小需求量、短交货期的要求

```
2.实施事项
```
• 构建一条生产线，通过模块化量产共用的零部件
• 实时处理接单信息，做到生产与接单同步
• 通过模块化统一生产线，通过看板推行后道工序补充式生产
• 零部件多次搬运（1次/小时）
• 在模块化方式下通过条形码拣选零部件，显示个数以防止出错
• 推行设备规格的标准化以方便作业（调整设备工作台开口宽度、换模换线、着着化）
• 安装基于"一个流"的柔性制造单元（FMC）

```
3.完成改进后的面貌
```
• 接单后24小时内发货
• 策划、开发、生产一体化的并行方式
• 生产交付周期缩短
• 工时减少
• 交货期遵守率提高
• 质量得到改进
• 腾出人手和空间
• 间接人员减少
• 可视化

```
4.理想形态：课题
```
• 通过调整工厂组织阶层以便尽早做出决策（完善目视管理）
• 提高间接业务的效率
• 灵活适应全球化发展

图 6-8　G 公司细胞式生产相关活动

保 24 小时内发货。为了实现这一目标，公司采取了策划、开发、生产一体化的并行方式，推行了模块化、生产与接单同步化的活动，70 种模块可以应对 4000 种不同规格产品的生产。该模块生产线是 U 字型的细胞式生产线，其分为两条，各配有 2~3 名作业人员，可以调整负荷。这两条线都是基于 LCA（Life Cycle Assessment，生命周期评估）思路的柔性生产线。为了作业人员的安全和防止出错，线上安装了传感器。同时还完善了实时显示接单信息的信息系统，实现了无库存的"当日生产"。

▶ ——事例要点

在 G 公司的生产车间，策划、开发和生产部门形成一个整体，从产品的设计阶段研究其制造方法。模块化使细胞式生产线很好地发挥了作用，实现了 4000 种不同规格产品的装配。同时对作业人员的多能化培训也产生了积极的效果。

6-9 细胞式生产车间（8）
精密机械器具制造业　H 公司
采取有效提高作业人员的多能化与工作动机的活动事例

▶——概要

H 公司是一家专业制造商，向各行各业的生产厂家提供组件部件。产品销路很好，市场也呈现扩大趋势。然而由于竞争对手的增加和价格竞争的激化，考虑到成本并为了灵活

H公司 概要

主要行业分类　　　　　：精密机械器具制造业
员工规模与特点　　　　：100 ~ 1000人，以日籍派遣员工为主
产品　　　　　　　　　：多品种小批量，小中型产品
导入细胞式生产的背景理由：应对成本竞争及顾客需求确保日本国内市场，
应对品种的扩大

远景

成为顾客满意度No.1的企业

1.最初的面貌

- 市场呈现扩大趋势
- 虽然有生产革新的需求，但只停留在微小改进的程度
- 传送装置生产线
- 由于产量增加，所以通过增加加班、增加半成品库存、增加作业
  人员等方式应对。导致浪费较多

2.实施事项

- 聘请外部咨询顾问，开始生产革新活动
- 导入细胞式生产线
  （构建从投料到成品的一条龙式生产线）
- 培养能够完成整个工序作业的多能工
- 实施步骤
  ①工厂内的5S活动、②削减中间工序的半成品、③构建模范生产线、④调
  整工厂布局
- 培养多能工，进行培训

3.完成改进后的面貌

- 生产率达到50%以上
- 生产交付周期缩短了50%以上
- 建立了零部件多次补充机制
- 形成了确保作业人员工作积极性的机制
  ①选拔生产线负责人，赋予其责任权限 ②成果可视化
  ③采用提议制度 ④评价与待遇 ⑤人才培养教育

4.理想形态：课题

- 从零部件加工到装配的全程生产革新
- 为了战胜劳务费低廉的国外制造商，进一步缩短交付周期

图6-9　H公司细胞式生产相关活动

应对顾客需求，该公司位于东南亚的子公司也在进行生产。在日本国内，公司也必须保证具有不亚于东南亚子公司的竞争力，但由于产品的产量和种类较多，从而也导致了加班增加、半成品库存增加、作业人员增加等方面的浪费。而且该公司车间的作业人员大部分是日籍派遣员工，所以在导入细胞式生产时，员工培训成了一个需要用心考虑的问题。

▶——活动内容

随着市场的扩大，公司曾研究过导入革新性的手法，但仅凭一己之力，则只能停留在局部的改进上。于是 H 公司接受了外部咨询顾问的指导，开始导入细胞式生产线。公司①建立一条龙式的生产线以缩短交付周期、降低库存；②以建立机动灵活的生产线为目标，培养多能工，并推进细胞式生产线的构建。

▶——事例要点

在 H 公司的车间中，日籍派遣员工占了作业人员的大多数，所以在由模范生产线推广到其他细胞线时，培训成了一个很关键的问题。在导入多能工培训的最开始，出现了作业人员素质低、辞职、作业人员之间发生冲突等问题，因此公司把工作重点放在了推广多能化意识及改变作业人员的自身意识上。同时还建立了确保作业人员工作积极性的机制，比如从作业人员中选拔生产线负责人，赋予其责任权限，以及推行成果可视化活动等。

238

6-10　零部件加工岗位
汽车零部件制造业　I公司
从细胞式生产的角度对机械零部件加工
岗位进行分析的事例

1. I公司概要

1.行业分类　　　　　：　汽车零部件制造业

2. 员工规模等　　　　：　5000～10000人（日本国内），跨国企业

3.主要产品　　　　　：　多品种小批量，小中型产品

2.本事例概要

4.产量　　　　　　　：铭牌 5万个/天（平均100个/张×500张/天）
　　　　　　　　　　　在最终的钻孔工序前仍呈薄片状

5.导入细胞式生产的背景等：①用新工序和新开发的设备实现零部件的自
　　　　　　　　　　　行开发，采取对通用设备进行特殊设定的方
　　　　　　　　　　　式来应对生产对机械按工作间方式进行配置
　　　　　　　　　　　②在中间工序中使用KANBAN来控制数量

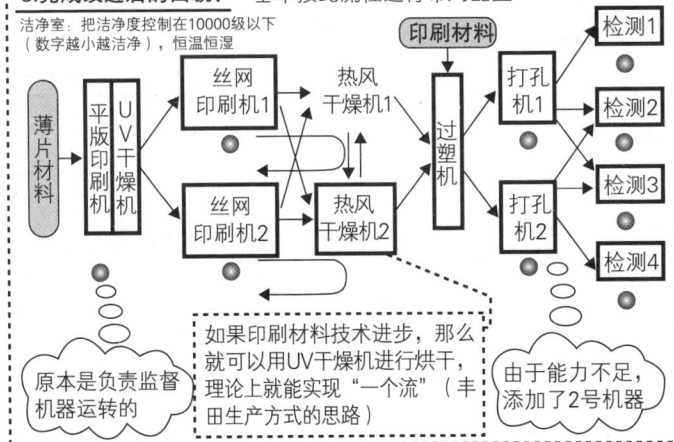

3.完成改进后的面貌： 基本按此流程进行布局配置

洁净室：把洁净度控制在10000级以下（数字越小越洁净），恒温恒湿

薄片材料　平版印刷机　UV干燥机　丝网印刷机1　丝网印刷机2　热风干燥机1　热风干燥机2　过塑机　印刷材料　打孔机1　打孔机2　检测1　检测2　检测3　检测4

原本是负责监督机器运转的

如果印刷材料技术进步，那么就可以用UV干燥机进行烘干，理论上就能实现"一个流"（丰田生产方式的思路）

由于能力不足，添加了2号机器

239

图6-10 I公司细胞式生产相关活动

一句话专栏 Cellular Manufacturing(CM)的相关说明

    这个英语词汇根据成组技术(GT),作为相当于"细胞式生产"的英语术语,已经得到了广泛使用(请参考2-1以及《生产管理用语辞典》)。此外,《关于细胞式生产方式与Cellular Manufacturing的相似点、不同点的比较研究》(坂爪裕,2005年)做了详细阐述。在《生产系统的革新与进化》(都留康,日本评论社,2001年)一书中有这样的阐述:"在欧美,Cellular生产(CM)是与丰田生产方式中的U字型生产线相关的用语。"

一句话专栏 关于本书的英文书名 "Cell Production System"

    笔者曾考虑过用Cellular Manufacturing(CM)作为标题,但出于以下考虑:①CM在英语里作为GT的相关术语已被人广泛接受;②对日语中的"细胞式生产"一词,不同的人抱有不同的印象,而且其包含的领域和定义存在差异;③尊重是沃尔沃最早把以人为中心的汽车装配称为"Cell"的历史渊源等理由,本书决定采用"细胞式生产=Cell Production,细胞式生产体系=Cell Production System(CPS)"的定义方式。笔者将这个词看作是用于表述以人为中心的体系的词语。同时,作为固有名词,笔者觉得直接称之为"CPS"也未尝不可。

240

东方出版社助力中国制造业升级

定价：28.00 元

定价：32.00 元

定价：32.00 元

定价：32.00 元

定价：32.00 元

定价：32.00 元

定价：30.00 元

定价：30.00 元

定价：32.00 元

定价：28.00 元

定价: 28.00 元

定价: 36.00 元

定价: 30.00 元

定价: 32.00 元

定价: 32.00 元

定价: 32.00 元

定价: 38.00 元

定价: 26.00 元

定价: 36.00 元

定价: 22.00 元

"精益制造" 专家委员会

东方出版社

广州标杆精益企业管理有限公司

標杆精益
BENCHMARK LEAN

人民东方出版传媒
People's Oriental Publishing & Media
东方出版社
The Oriental Press

"制造业内参" 手机端内容面市

双渠道，让你和世界制造高手智慧同步

1 | 今日头条号：日本制造业内参
每天 10 点，免费获取日本制造业前沿资讯

2 | 微信公号："制造业来啦"
得到日本制造业内部资讯，专家课程、独家专栏

3 | 日本制造业·大师课

已上线课程：

- 片山和也：
  《日本超精密加工技术》
  10 节课，带你掌握下一代制造业的核心方法论

- 山崎良兵、高野敦、野々村洸：
  《AI 工厂：思维、技术 13 讲》
  学习先进工厂，少走 AI 弯路

即将上线课程：

- 国井良昌：《设计、技术、工艺、研发人员·晋升 12 讲》
  成为技术部主管的 12 套必备系统
- 《AR、MR、VR 的现场开发和应用》
- ……